大是文化

爆款內容流量學

追蹤人數從零到無限大，
流量操作手把手教學，快速漲粉，
路人＋1買到爆。

短影音網紅的幕後操盤手、輔導超過 2,000 位客戶
Hughes camp 內容創作營創辦人

休斯——著

目錄

推薦序　自媒體大時代，展演好自己／蕾可 Reiko　7
前　言　流量學的底層邏輯　11

Chapter 1
流量背後的心理學　15

1 流量紅利的三大迷思　16
2 打造流量池的第一步　23
3 快速圈粉、退追，都是「從眾心態」　30
4 常見的五種群體心理　36
5 使用者需求，只會越來越個性化　41

Chapter 2
人們關注什麼，內容就有感　47

1 跟緊熱點，要分三次 48
2 發送福利的藝術 55
3 愛美背後的心理需求 61
4 怎麼一秒抓眼球？衝突法則 66
5 多看效應：從聲音、動作，打造記憶符號 72
6 互惠原則不能違背 79

Chapter 3

贏家思維，替自己貼標籤 87

1. 選擇賽道的三個技巧 88
2 精準定位：只賺一分錢 93
3 要快速變現，就先鎖定人群 99
4 如何分析對標帳號？ 107
5 沒有標籤，就沒人想看你 115

Chapter 4

從場景、人設，一秒釘住用戶 121

1 場景決定你是誰 122
2 人格面具，就是人設 127
3 優化場景，先抓眼球 132
4 如何一秒釘住用戶？ 135
5 直播變現：正確的事情，重複做 139
6 利用社群引流 145
7 經營朋友圈，要先「種草」 151
8 用ＩＰ結合線下與線上 158

Chapter 5

問題、選題、標題，衝流量缺一不可 163

1 用好問題，讓人一搜尋就找到你 164

2 追問三個為什麼、怎麼辦 169
3 選題、標題、問題，怎麼分？ 183
4 選題，要靠資料思維 190
5 標題怎麼下，點閱率才高？ 195

Chapter 6

做內容，就是表態度、說觀點

201
1 流量引擎：滿足大眾的小情、小緒 202
2 下鉤子，製造衝突 207
3 逆向思維做內容 211
4 製造比較，引爆聲勢 216
5 巴納姆效應：讓用戶對號入座 220
6 內容就像地基，差異化是高樓 226
7 替換案例，講好你的故事 229

8 怎樣寫出吸引眼球的金句？ 234

Chapter 7

借勢行銷，成功無上限 239

1 借勢行銷，人人都該學 240
2 利用權威效應，讓別人信服你 245
3 故事比判斷，更容易打動人 249
4 故事變現，就靠這點 254
5 不是所有風口都可以借用 258
6 借鑑別人，有陷阱 263
7 讓對手幫你引流，最高招 270
8 把偏見變成自己的賣點 274

後記 未來趨勢下，流量心理學的變與不變 279

推薦序

自媒體大時代，展演好自己

作家、KOL／蕾可Reiko

收到《爆款內容流量學》的推薦邀約時，我感到相當榮幸及感動，並且迫不及待的要來好好閱讀這本書。尤其作者在自媒體領域中，擁有精闢的經驗分析與細微見解，內容相當豐富精彩。

在經營帳號的起步階段，許多人告訴我：「要創造『大流量』才是重點，社群粉絲多，經營才稱得上有價值。」也許是個性比較擇善固執，我並沒有把重心放在數字上，而是專注與粉絲保持互動，卻意外在網路世界認識了許多好友。

那麼，自媒體創作者到底該怎麼創造流量？

以我的經驗來看，我們可以將抽象的IP（Intellectual Property，通指廣為人知的品牌形象）運作，想像成虛擬實境，先建立自己的「位置」，再延伸出各自不同的「形象」。在資訊科技蓬勃發展的世界裡，你我不只是身在其中的「使用者」，藉由不斷的分享，找到共鳴同好、吸引追隨者，也能晉升為有影響力的「創作者」。但比起衝粉絲數、流量，我更建議穩扎穩打，先扎根做好自己。

流量並不是多就好，而是要精準，必須不斷的呈現自己，讓喜愛你的群眾留下來。同時避免用譁眾取寵、爭議與批評等方式，獲得短暫爆發式的關注，因為這種流量往往不會長久。

在閱讀過程中，我發現自己有許多理念、做法，都與作者休斯十分相投，而感到相當開心。在經營自媒體這件事情上，保持良好的心態、動機很重要，千萬別為了創造流量而失去理智，拿隱私與安全做題材，結果落個得不償失。

既然要經營自己的帳號，最好的方式，就是忠於真實。每個人都是獨特的，沒有什麼標準可言，沒有腳踏實地的嘗試，豈不錯過許多珍貴的成敗體驗嗎？

放寬心，放膽做！每一個成就與失敗，都是難得的經驗，千萬別被得失心蒙蔽了樂趣。

我時常鼓勵周遭的親友，若願意分享喜好、專業、興趣，自媒體就是有趣且能發揮自己潛能的舞臺。既然我們無法改變時代前進的大趨勢，不如就順勢了解，或許還能找到意想不到的收穫——學習與感受是永無止境的道路！

從喜愛書寫的起心動念，到一腳踏入自媒體生態圈，已第四個年頭；但每當靜下心，回想生活中的點滴，打出文字的過程，總是一如既往的美好！身為創作者，做喜歡的事情，熱愛才能源源不絕，千萬別把產出變成壓力，影響自己的身心。

本書作者休斯針對創作者思維與自媒體經營，論述得條理分明、有憑有據；作者的成功經驗談，猶如明燈指引，帶給我們更多能量與啟發，身為創作者，我誠摯推薦給大家。

前言

流量學的底層邏輯

大家好，我是休斯。過去幾年，我專注於創作內容和短影音（按：short video、video clip，又叫短片、短影片，影片長度通常只有十五秒到五分鐘）。在研究流量的過程中，我經歷過開帳號但不賺錢，幾十萬粉絲的帳號只賣了幾千元[1]，也遇過耗費大量時間和精力，但帳號怎麼都打造不起來。可以說，大家做流量的很多問題，我都經歷過。

在不斷的實踐試錯後，現在我經營帳號已比較得心應手。除了可以在一個月內打

1 全書人民幣兌新臺幣之匯率，皆以臺灣銀行在二〇二四年二月公告之均價四・四元為準，約新臺幣四千四百元。

造出企業帳號（按：以下簡稱企業號）並成功變現，許多企業和個人用戶，使用我的方法後，都增加流量和突破業績。我之所以寫《爆款內容流量學》，就是希望能把研究流量所總結出的方法和經驗，分享給更多人。

在個人影響力日益重要的時代，流量只會越來越重要，而且大都以線上居多。我希望那些優秀的個體和產品能不被時代拋棄，更希望每個人都能利用流量這個武器，搶占自己的一片天地。

我相信，只要大家投身流量行業研究一、兩年，就會發現我們需要探索和累積的專業知識，不只是腳本該怎麼寫，不再是「爆點前置[2]」這種基本技法，也不再是人設[3]這種技術層面。

我們要思考的是，該怎樣設計內容？什麼樣的內容在開頭就能勾起使用者強烈的好奇心？有了好奇心，用戶才會想往下看，這樣才能提高短影音的完播率，也就是讓觀眾在影片上停留更久。

研究流量，本質上就是在研究人的心理。我們創作內容時，也都是挖掘人的心理層面的訴求。創作者要做的，是站在大眾的角度思考：使用者看到的內容，是否能帶來愉悅感、代入感、是否能滿足他的幻想和需求。

例如，有一個短影音平臺的定位是：這不是短影音平臺、不是直播平臺，也不是電商平臺，而是一個基於人、為人服務的平臺。這其實就說明，**無論是什麼樣的平臺、主要輸出什麼樣的內容，最終的服務物件都是人**。

所以，在創作內容時，無論你是做圖文，還是影片，最終的觀眾都是人。如果我們能清楚了解人性、搞懂心理學並充分運用，做流量就會比較輕鬆、簡單，而且事半功倍。因此，我在這本書將從定位、內容、人設、借勢行銷等方面，具體闡述心理學和流量的關係。

這本書寫得比較通俗易懂，主要針對短影音行銷這個新興行業，探討人的心理對流量的影響。期待本書出版之後，可以推廣更多獲取流量的底層方法論，以及如何掌握真正的流量密碼，也歡迎更多有志之士加入研究和探討流量的行列。

---

2 指在影片前面，先播放具有衝擊性的畫面或有趣的情節。

3 人物設定的簡稱，指創造一個完整的人物。

Chapter

1

流量背後的心理學

1 流量紅利的三大迷思

在流量為王的時代，每個人都夢想創造屬於自己的流量，期待透過流量的暴漲，為自己帶來更多變現機會。

然而，在追逐流量的過程中，很多人非但沒能享受流量經濟的紅利，反而備受折磨和煎熬。

那麼，一般又有哪些常見的錯誤認知？

賣產品，只靠單一賽道

流量賽道[1]各式各樣，各行各業幾乎都能在平臺上找到適合自己的位置。可是，有些人的產品思維太單一，他們的眼睛只盯著自己手裡的產品，導致賽道變得太窄。

比方說，賣耳環的帳號，只考慮耳環到底該怎麼賣；賣辣椒醬的帳號，只考慮辣椒醬怎樣才能賣得多。但從流量的角度來說，耳環和辣椒醬都不能被當作單一賽道。

比起只盯著一個產品做內容，更有效的做法是，**把產品放到使用場景**。以辣椒醬為例，你可以做一個美食帳號，拍攝適合推廣辣椒醬的各種場景，比如配麵吃、沾火鍋料、炒飯等，然後打造一款怎麼搭都好吃的辣椒醬。這比單純說辣椒醬有多好吃更吸引人、更能打開流量入口。

除此之外，把產品放到場景裡，還能充分利用流量漏斗[2]。做辣椒醬帳號，賽道太窄，也許只能吸引一千人，即便每個人買一罐，最多也就賣掉一千罐。做美食帳號就不一樣了，受眾廣、賽道寬，可能會吸引一千萬人，即便只有千分之一的人購買，至少也能賣掉一萬罐。

---

1 指內容主題性強，能清楚劃分領域、鎖定族群。

2 Marketing Funnel，行銷漏斗分為三階段，由上至下分別是流量、轉換、擁護，也就是從流量曝光、讓消費者對品牌產生認知、認同購買，以及最終成為忠實粉絲的過程。

但產品思維僵化的人，不會結合產品屬性和內容賽道，也不知道怎樣把產品做得更有娛樂性。

一開始，就想把流量做大

很多人在剛進入平臺時，會很想逃避，覺得自己起步太晚、行業太卷[3]、自己能力太差……。

其實，完全不需要顧慮這些，我們的目標不是成為大咖網紅，而是利用平臺獲取流量，在不同平臺上做帳號，就和在現實生活中開實體店是一樣的。

以短影音為例：你在一個平臺上開直播，線上平均每分鐘二十人，雖然看起來很少，但是如果你直播八小時，就相當於每天有近一萬人觀看。這樣的客流量[4]，哪怕是處在大型商圈也很難做到。而且開實體店的成本可能要三、四十萬元（按：以臺灣餐飲業為例，創業開店成本粗估新臺幣四十萬元至九十萬元，包括租金、裝潢費、人事費、廣告行銷等費用），但在某個平臺上開一個小店，幾乎沒有什麼成本。

做流量時，別把自己想得太大，競爭流量是賽道頭部帳號[5]需要考慮的事，你只需要以一個小商家的心態搞自己的小流量。

我看到很多懷著小商家心態的人，在平臺上賺到錢，一些只有三千個粉絲的帳號，一個月就能變現十萬元。看似誇張，卻是真實的。因為這些小商家沒有考慮太多，而是勇敢去做。

以為有流量，就可以變現

對大多數人來說，做流量其實是非常簡單的事。街頭免費擁抱之類的內容，都能讓人紅起來，但這種流量**對變現毫無幫助，可稱之為垃圾流量**。

大多數人需要的，是能變現或者可以被利用的精準流量，這種流量才有價值。**要**

3 內卷的簡稱，中國流行用語，指非理性的內部激烈競爭。
4 結合流量與實體店面的來客數。
5 指在平臺上具有粉絲、影響力、商業價值的帳號。

圖表 1-1　精準流量

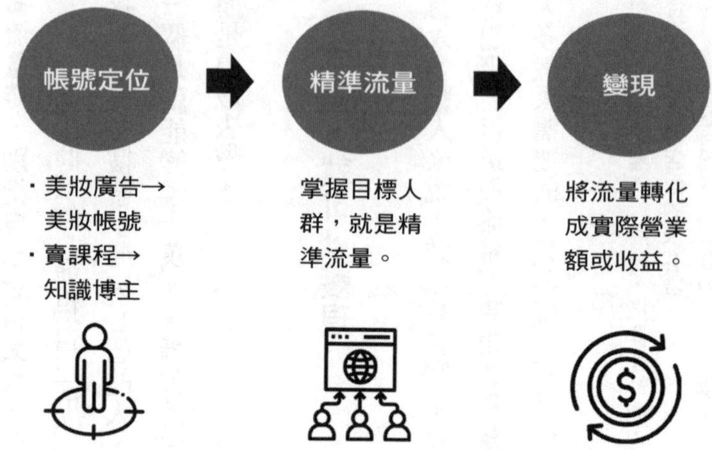
帳號定位
精準流量
變現
・美妝廣告→美妝帳號
・賣課程→知識博主
掌握目標人群，就是精準流量。
將流量轉化成實際營業額或收益。

想獲取精準流量，最重要的就是做好帳號定位（見上方圖表1-1）。

比如，你想接美妝廣告或業配訂單，就做美妝帳號；你是實體商家，需要同城[6]流量，就做同城帳號；你要賣課程，就做知識博主（blogger，類似於臺灣的部落客）。由此吸引來的目標人群，就叫做**精準流量**，可以**為你所用、讓你變現**。

而那些沉迷粉絲數、按讚數、流覽量，絞盡腦汁只想要好看數據，卻一直被流量束縛的人，追逐的不過是夢幻泡影。

心理學上有個概念叫「認知偏誤」

（cognitive bias，又稱認知偏差），指人們在認知自身、他人或外部環境時，常因自身或情境而導致判斷失誤。社會心理中常見的刻板印象、月暈效應[7]（halo effect）等，均為各種形式的認知偏誤。

做流量時，之所以會有認知偏誤，是因為你一直待在習慣的環境裡，只從自身角度看待流量。

假設你總是以實體商家的角度來看待，那就會對網路流量有認知偏誤；總是以身價上億的上市公司老闆的角度來看待，就會對普通用戶的需求產生認知偏誤。

我有一個學員就是一家公司的老闆，他的公司是靠原創內容紅起來的，所以他做流量時很堅持原創，只要是別人提到過的詞，他就一定要避開，這就是最典型的認知偏誤。

那我們該如何正確的看待流量？

---

6 中國用語，指同一領域或地區的流量。

7 指人們對人的認知往往以偏概全。

一、內容思維：把平臺當作漏斗

做流量一定要有內容思維，要把平臺看成漏斗，把產品放到應用場景裡，才能大幅的吸引流量。

二、先做起來再說

每個人都是獨一無二的，都有機會把流量做起來，也能吸引到喜歡自己的人。所以，市場上其實不存在內卷這件事，每個人最大的競爭對手都是自己。從某種意義上來說，市場跟大部分人都沒有關係，你也不必跟其他人競爭，只要先把流量做起來就好。

三、不能只是取悅用戶

做流量，一定不能搞垃圾流量，也不要取悅用戶，要隨時確認自己的目標是什麼，守住自己的核心。否則，本來要做流量，反而會變成為了流量而做流量。就像花錢一樣，本來你是支配錢的人，最後卻成了錢在支配你。

2 打造流量池的第一步

做流量，會吸引到一個又一個真實的人，這些人為什麼會被吸引？其實就是心理因素。人們的欲望、需求，促使人們做出一些選擇，這些選擇形成規模後，流量就隨之而來。

所以說，**做流量一定要研究人的心理**。以短影音為例，我就是透過研究心理需求教大家獲取流量。一支短影音為什麼能紅？為什麼有那麼多人按讚？這些現象背後其實暗含了使用者對影片的認同和共鳴。而使用者之所以認同，無非就是因為短影音正好切中他們的痛點。

接下來，我將總結八種常見的心理需求（見下頁圖表1-2），告訴大家該如何結合心理需求拍片：

圖表 1-2　8 種常見心理需求

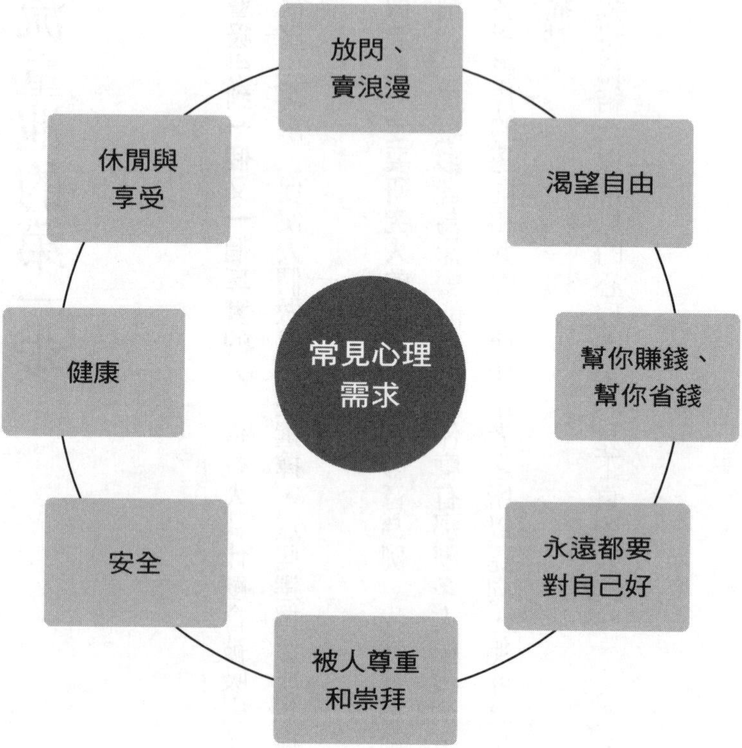

一、放閃、賣浪漫

無論是十八歲的少男、少女，還是四十歲的中年人，內心都非常渴望愛與浪漫。也許有人會覺得，四十多歲的人在經歷各種社會壓力後就不需要愛、不需要浪漫。但事實是，即使是歷經滄桑的中年人，也可能會在凌晨為愛感動而流淚，因為**愛與浪漫是人們永生追求的東西**，與年齡、社會地位、人生經歷沒有直接關係。這也是很多情侶帳號（按：指情侶創建共同帳號）能夠獲取流量的原因。

二、賺不賺錢，都渴望自由

獨立與自由是人們最終想要達到的狀態。無論是誰，在回答「為什麼要活著」、「為什麼要賺錢」時，給出的最終答案往往都是：為了獨立與自由。

所以，我們在做流量時可以運用這一心理。比如做一個**旅行帳號，不講大道理、沒有實用資訊**，一點開影片，就是天空中翱翔的鷹、原野上自由的風、不同城市的風土人情……這對只能在辦公室裡的人來說，無疑是一份慰藉，也正是他們所追求的自由，自然就會帶來流量。

三、幫你賺錢、幫你省錢

金錢和財富自然不用多說。無論富人還是窮人，只要是與錢相關的東西，他們普遍都愛看。

具體來說，與錢相關的內容其實可以分為兩個方向：**一個是「幫你賺錢」，另一個是「幫你省錢」**。比如做居家布置的帳號，可以分享怎麼裝修能少花錢、選家具的省錢小技巧，這些都能為你帶來流量。

四、永遠都要對自己好

所有人都想提升個人魅力，所以很多相關行業應運而生，比如減肥、瑜伽、皮拉提斯、儀態與聲音培訓等。這些主題可能沒法幫人賺錢，也不能讓人青春永駐，但還是受到很多人關注。這是因為大家都想要提升個人魅力，獲得更多人的關注和認同。

比如，讓聲音更有磁性、讓外表更有魅力、讓你更受領導認可、讓戀人更愛你等，這類內容都是人們所追求的，自然也更容易獲取流量。

五、社會認同：被人尊重和崇拜

政治經濟學中，有這樣一個觀點：「人的本質不是單一個人所固有的東西，在其現實性上，它是一切社會關係的總和。」[8]意思是，人們群居已不再只是一種生存需求，而是出於從眾心理和渴望社會認同，因此獲得所在群體的接納和認同，對人們而言尤為重要。當然，前提是你做的事本身要符合社會主流價值觀，在此基礎上才能創造更多屬於自己的價值。

渴望得到社會認同有很多種表現方式，比如，創業者除了賺錢，也希望被人尊重和崇拜。在做流量時，我們也可以瞄準用戶這一心理。

8 出自於德國政治哲學家卡爾・馬克思（Karl Marx），於一八四五年撰寫的《關於費爾巴哈的提綱》（*Theses on Feuerbach*）。

六、安全

前面提到的五個心理需求，都是以人身安全為前提，因此和安全相關的話題，也很容易獲取流量。比如，什麼樣的地板容易讓老人和孩子摔跤、獨居女性必備防身三件組、十招教你延年益壽等。因為**安全問題是人們最在意的痛點之一**，所以使用者更願意花時間看這些內容。

七、健康

人們還很在乎健康。有些使用者喜歡看一些簡單的健康知識，比如：經常吃荔枝會得「荔枝病」[9]、孩子注意力不集中是感覺統合[10]問題、經常眨眼是因為腦供血不足等。這些內容大都和人們的生活息息相關，能吸引大批流量，但要注意的是，有些內容可能有誤，我們**做此類內容時務必科學**，**別誤導大家**。

八、休閒與享受

相較於我們前面提到的獨立與自由，休閒與享受更貼切、實際，也更容易實現，尤其是在經濟狀況不佳時，人們的娛樂、休閒需求會更大。

想利用這一特性獲取流量，可以試著做旅行、露營、戶外運動、樂器演奏等休閒類帳號，滿足人們想要釋放壓力、享受生活的需求。

透過以上八點，我們可以看出獲取有效流量和掌握用戶心理息息相關，**無論是內容創作者，還是普通使用者，都需要掌握心理學**。內容創作者可以運用心理學更了解用戶，做出更加符合使用者需求的內容。普通用戶了解心理學，則能「避坑排雷[11]」，避免被人牽著鼻子走。

9 指空腹時大量食用荔枝，營養不良的人容易引發低血糖的症狀，甚至昏迷。
10 sensory integration，指大腦執行整合的能力。
11 中國網路流行用語，此處指藉由提前篩選資訊，迴避糟糕的體驗。

3 快速圈粉、退追，都是「從眾心態」

很多人認為流量是虛無縹緲的東西，自然也無從發現它的增長特點。

實際上，流量的增長特點是有跡可循的，比如，**很多頭部帳號都是爆發式漲粉，很少穩步漲粉**。這就像很少有員工能透過積攢薪水做到身價上億，那些億萬富翁大都也是透過大額收入實現財富自由。

這其實是因為流量本身就是不平穩的。在流量不平穩的背後，也有很多相關的影響因素。

第一、賽道不穩定。

平臺會在不同時期扶持不同賽道，有平臺扶持的賽道自然更容易獲取流量。

第二、內容品質不穩定。

內容創作者很難保證自己的每則內容都非常優質，就像女孩子做不到每一天的妝容都同樣精緻。內容品質不穩定，流量自然就無法穩定。

第三、平臺流量傾斜。

無論是線上還是線下，流量都會受到環境、熱點、政策、活動等因素影響。在不同的時間、社會背景，流量會有不同的傾斜度（按：指用戶瀏覽量），不可能一直保持穩定。**就像線下店鋪有淡季和旺季，線上流量也有低谷和高峰。**

作為內容創作者，你需要做的，就是在持續穩定的更新與不斷累積的過程中，等待爆發的機會。如果能在同一個賽道上持續且穩定的輸出，當達到從量變[12]到質變[13]的臨界點時，流量就會迎來爆發式增長。

---

12 quantitative change，事物的屬性發生較小的變化，本質上沒有改變。

13 qualitative change，事物的本質或性質產生變化。

在導致流量不穩定的諸多因素中，熱點的出現很重要。**一個新的熱點出現時，就會引領一個新潮流，自然會帶來新的流量**。比如，新冠疫情導致很多居家隔離的人無事可做，於是在家跳體操的直播主一夜爆紅；國際貿易糾紛讓更多人注意到宏觀經濟[14]，所以一些名校的經濟學老師很快就擁有千萬粉絲。

流量的不穩定和爆發式增長的背後，其實隱藏著用戶的從眾心理。從眾心理是指個人受到外界人群行為的影響，而做出符合公眾輿論或與多數人一致的判斷。已有實驗證實，只有一小部分人能夠保持獨立性，不被從眾心理影響。

比如，有一批人喜歡聽我講課，那就會有一批他們的跟隨者也開始追蹤我。第一批喜歡我的人，就有點類似KOL（Key Opinion Leader）的角色，也就是關鍵意見領袖。他們往往擁有更多、更準確的產品資訊，且為相關群體所接受或信任，並且能大幅影響這個群體的購買行為（見左頁圖表1-3）。

---

14 Macroeconomics，即總體經濟學，指用國民收入、經濟整體的投資和消費等總體性的統計概念，來分析經濟運行規律的經濟學領域。

圖表 1-3　造勢的口碑放大器——精準粉絲

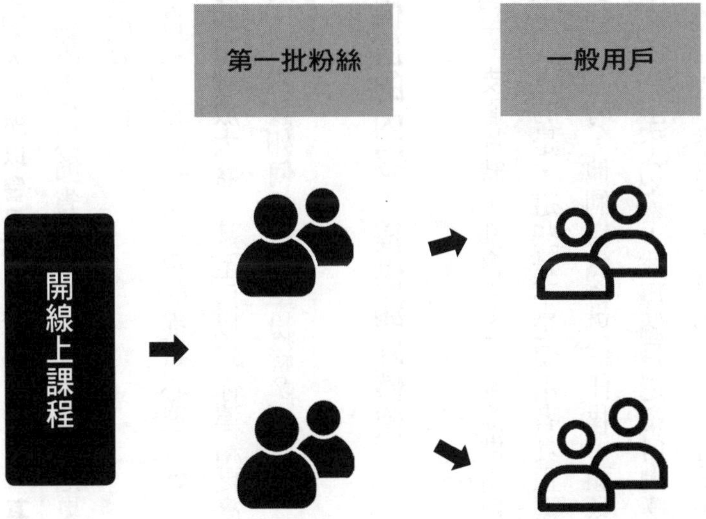

利用用戶的從眾心理，讓第一批粉絲，帶動其他用戶購買，發揮 KOL 的功能。

精準粉絲，是幫你造勢的口碑放大器，能創造更多流量和價值。

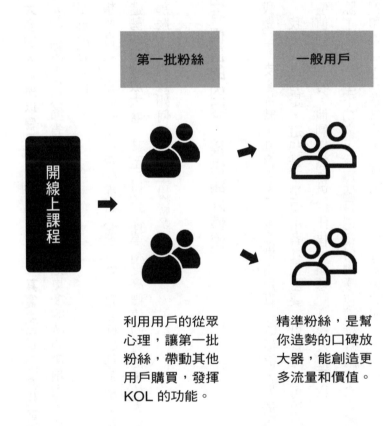

大多數人之所以會受到KOL的影響，其實主要是因為想要適度「偷懶」。KOL的建議，可以節省心智成本，讓他們把更多的時間和精力花在重要的地方，而不用了解所有的行業。

想要合理、正向利用用戶的從眾心理，就一定要好好經營精準粉絲。**精準粉絲是幫你造勢的口碑放大器**，甚至可以幫你連結更高價值的資源，放大更多價值和流量。

那麼，我們該如何經營精準粉絲？

輸出有價值的內容，提供額外價值

我做每一支影片時，都會思考怎麼提供用戶真正的價值，列選題、做方案、寫腳本時，我更在意的是，這些是不是使用者真正需要、可實操、可複製的。當我輸出真正有價值的內容時，他們自然會更信任我，願意向身邊人推薦我。

除了在內容上下功夫，我每個月還會自掏腰包請權威講師來直播分享，讓學員從中學習和獲益。我做這些，都是源於為粉絲著想的初心。

我的課程退費率極低，社群活躍度也很高。其實，這都是因為我的出發點是真心想幫助學員，而不是只想著怎麼賺錢。這也使得他們更信任我、更願意參加其他線上、線下課程，以及主動回購。

這些精準粉絲也會成為我的ＫＯＬ，就像美食探店一樣，當一群人說一家店非常好吃時，即便那家店再普通，也有可能變成網紅餐廳，甚至會有更多用戶跟風品嚐。如果能夠借用精準粉絲的主動性和大眾用戶的從眾心理，就可以獲取更多流量。

我始終相信，非凡努力成就非凡成績。從做流量的第一天開始，我每天凌晨三點睡覺，堅持每天工作十七小時；每個月只有一天，我會暫停自己的直播。

我也不像其他操盤手一樣有合夥人，從短影音到直播，從公司管理到商業模式，都是我一個人完成的。我並不覺得做這些有多了不起，而是相信這是通往成功的必經之路。

4 常見的五種群體心理

所謂群體（groups），是人們以特定的共同活動為媒介，所形成的人群集合體。群體心理學，則是社會心理學分支，專門研究結成群體的人們的心理現象、心理活動。

社會群體生活是人們基本的生活方式，人們在社會生活中的群體心理，也就成了社會心理學研究最主要的一部分。我們做流量，也同樣需要研究人們在社會生活中的群體心理。以下是比較常見的五種群體心理。

醜小鴨變白天鵝

大家都喜歡看醜小鴨變白天鵝的故事。所以在塑造人設時，哪怕你是從白天鵝變成更美的天鵝，也要盡量展現醜小鴨成長的故事。因為大部分人都是醜小鴨，不容易成為白天鵝，如果是白天鵝變成更美的天鵝，這個故事就與用戶無關，自然無法吸引流量。但是醜小鴨的成長故事會讓用戶覺得「他之前比我還慘，現在這麼成功，我也行」，這種能讓用戶共情（按：即換位思考）的成長故事，往往更容易得到用戶的關注和互動。

完美男友、完美女友

在打造ＩＰ時，可以塑造一些現實生活中不存在的形象，比如完美男友或女友，這是男人、女人都愛看的。不管在抖音、快手[15]、小紅書[16]等短影音平臺上，還是在電影、電視劇，都經常出現這樣的形象。因為大眾想看他們，對他們抱有期待。他

15 中國流行的短影音和直播軟體。
16 中國知名的網路購物和社交 App。

們的出現，正好符合大眾的心理需求。

然而，在現實生活中，基本上沒有這樣的完美形象；在婚姻或戀愛，更多是柴米油鹽醬醋茶，磕磕絆絆、吵吵鬧鬧，這才是正常的。所以，有時候，**脫離生活的美好形象更容易吸引流量**，因為那些形象可以滿足人們的心理期待。

IP人設要真實

一般來說，真實的IP人設會比高高在上的完美人設更加穩固。你越真實，用戶越願意相信你、越想保護你。反倒是對極盡包裝之所能，拚命抬高自己地位的人，用戶會更加苛刻。

因為有些用戶本身生活過得不太順心，所以他們更願意保護那些和自己一樣或是不及自己的人。如果你天天住豪宅、開法拉利（Ferrari），用戶對你的包容度反倒會變低。

還有，**觀眾在面對弱勢的人時，更容易被激起保護欲，即便你做錯了一些小事，**

也更容易獲得諒解，因為你是一個鮮活、生動的人。反之，包裝出來的完美形象更容易破滅，因為不夠真實，所以一戳就破。

有一個觀點認為，網紅的熱度比大明星更持久。之所以有這樣的論斷，是因為網紅普遍比大明星更真實，他們給人的感覺是有血有肉的人，即便犯些小錯誤，觀眾也更願意接受。

大明星就不一樣，他們往往被過度包裝成完美無瑕的人。在他們身上，甚至談戀愛、結婚這種合情合理的事情，都會被隱藏起來。很多明星因為被拍到抽菸、喝酒的照片，粉絲快速的流失，甚至連演出的機會都變少了。

愛國流量最好賺

每個人都有愛國情懷，所以，很多人在看到讚美國家發展的內容時，都會關注並按讚。當影片內容與愛國情懷有關時，大部分人更難以抵抗想流覽的衝動。

如果想做這類內容，可以從不同的角度談國家發展。國家情懷的本質是一個群體的共同榮譽感，善用這一心理，可以獲取更多流量。

道德，是流量的底線

對真善美的追求，是人類最底層的需求之一，任何人都不能碰觸這一底線。所以，絕對不能打擊大家都認同的真善美形象，否則只會讓自己受到大眾的抨擊。

如果你站在真善美的對立面，比如對方是個性可愛的英俊男孩，那你自然會被認定是邪惡、不被群體接受的。所以作為內容創作者，必須有正確的三觀（按：指世界觀、人生觀、價值觀）。

總的來說，做流量一定要順應人性，可以製造流量，但不能炒作流量。群體心理是把雙刃劍，你可以用群體心理吸引流量、成就自己，但也有可能被群體心理摧毀。

5 使用者需求，只會越來越個性化

動機（motivation）心理學理論認為，所有的個人動機都是為了追求快樂，而處在不同階段的人對快樂的需求和感受，也有所不同，從基本需求到精神追求，再到個性化需求。而掌握人性的需求，就是掌握流量的金鑰。

提到需求層次，就不得不提到馬斯洛的需求層次理論（Maslow's hierarchy of needs）。它是心理學中的激勵理論，將人類需求分成五個層次，通常被描繪成金字塔圖。

從低層次到高層次，共有五層需求：第一層是生理需求（Physiological Needs），就是食物和衣服等，生存所需的基本物質；第二層是安全需求（Safety Needs），也就是工作保障、財產安全等；第三層是社會需求（Affiliation Needs，或稱愛與隸屬需求），也就是愛情、友誼等；第四層是尊重需求（Esteem Needs），也就是地位、威

圖表 1-4　馬斯洛需求層次理論

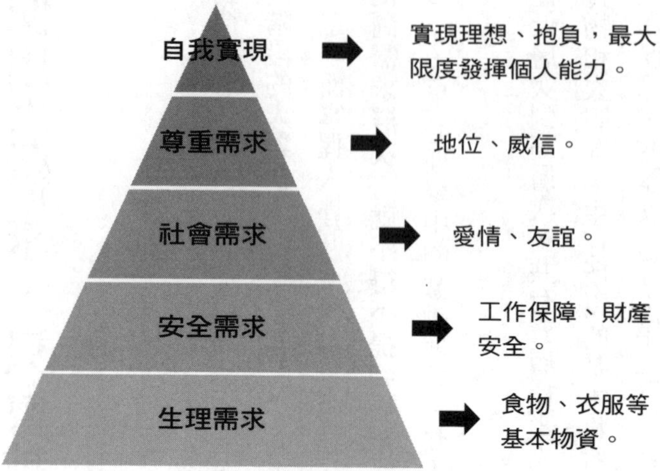
自我實現
實現理想、抱負，最大限度發揮個人能力。
尊重需求
地位、威信。
社會需求
愛情、友誼。
安全需求
工作保障、財產安全。
生理需求
食物、衣服等基本物資。

信等；第五層是自我實現需求（Self-actualization Needs），也就是實現理想、抱負，最大限度發揮個人能力等。

隨著社會的不斷進步，人們的需求在不斷變化和提升；伴隨著需求的變化，流量的入口也在不斷變化。

流量的入口之所以受到關注，就是因為人們受到個人追求和動機的影響。

從物質需求到精神需求

在物資匱乏的年代，人們考慮的

大都是衣食住行、多快、多省。但隨著生活水準的不斷提升，人們越來越在乎精神層面的愉悅，追求愉悅的個人動機最終組成了群體動機。群體動機一旦形成，流量就會源源不斷的湧入，與這些動機有關的行業，也就更能吸引流量。

例如，教人唱歌、吹陶笛等帳號很受歡迎，是因為有些人生活和工作的壓力很大，經濟狀況不理想，渴望獲得精神上的放鬆和愉悅。B站[17]這種趣味性長影片平臺之所以能盛行，恰恰是因為它滿足了年輕人的精神需求。

短影音便於呈現生理需求，而長影片更適合展現精神需求。比如抖音，現在也支援長影片的創作，因為大部分人的個人動機，已經從比較淺層的吃得飽、穿得暖的生理需求，進階到希望生活更浪漫、希望自己的歌聲更好聽、希望能穿得更有品味這種精神層面的需求。

所以，在許多平臺上，這些看似無用的東西反而更能獲取流量。會出現這種現象，並不是代表無聊的人越來越多，或者說用戶越來越追求虛無縹緲的東西，而是因

17 彈幕影片網站嗶哩嗶哩（bilibili）的簡稱。

為人們的個人動機層次提升了。

尤其對新一代的年輕人來說，他們基本上沒經歷過物資匱乏的時代，其物質需求早就得到滿足。所以，他們會越來越追求精神上的滿足。

個性化需求：寵物啤酒、寫漢字

現代社會的許多年輕人個性獨立，追求自由。他們的精神需求不再單一，也更強烈渴望個性化。所以，在做流量的過程中，**滿足用戶個性化的需求是獲取流量的重要方法之一**。

以短影音為例，我現在越來越鼓勵大家**做一些垂直細分的賽道**，一些小賽道，其實有很大機會。因為小賽道的競爭力小，更有可能在這一賽道裡做到頭部，並且有更多收入，所以我才會鼓勵大家做自己擅長的垂直細分小領域。

現在是個性化的時代，很多人的個人動機都極具個人特色，有很多賽道可能是人們想都沒想過、在生活中完全沒有接觸過的。

比如，有一個賽道叫「寵物啤酒」[18]。在很多人的印象中，寵物不能喝啤酒，但是這種專門做給寵物喝的啤酒，可以讓寵物更快樂；而這個很多人都沒聽過的賽道，每年收益高達千萬元。

還有，一個作家在直播間裡一語不發，只是默默敲鍵盤、寫稿子，看上去他沒有提供任何價值，可是他的每場直播都有一萬多人上線觀看。在直播間教人寫漢字，很多人會覺得難以想像，但是很多人確實不會寫漢字，這就是一個少有人關注的賽道，這個賽道不僅能獲得流量，還很正能量；或是到一個陌生的城市，找一個當地導遊，帶你領略風土人情。

這些垂直細分的賽道，是之前不存在、甚至很多人想都不敢想的，但是它們滿足了人們的個性化需求，激發了個人動機。

在網路時代（Internet Age），任何人都可以在自己的優勢領域發揮價值，吸引到認可自己的人，成為自己小圈子裡的小ＩＰ。

18　一般都不含酒精，且在獸醫和動物飲品專家指導下製作。

而且，隨著個人動機的變化，會出現更多新的細分賽道，就看你能不能發現需求、能不能激發別人的個人動機。

流量發展的趨勢表明，**商業機會只會越來越個性化，能滿足個人動機的賽道和機會，才更能受到用戶關注，進而吸引巨大的流量**。在傳統行銷模式中，實體店只能覆蓋附近幾公里的用戶，但線上行銷可以在數億人中迅速篩選出合適的人群，這是線下行銷無法做到的，這就是流量的魅力。

從物質需求到精神需求，再到個性化需求，是時代發展的趨勢。從本質上說，趨勢是由個人動機推動，甚至可以說，**滿足個人動機，就是打開流量入口的關鍵所在**。

Chapter

2

人們關注什麼，內容就有感

1 跟緊熱點，要分三次

所謂熱點，是指比較受廣大群眾關注和歡迎的新聞或訊息，或者是指某時期引人注目的事件或問題。

大家同時關注，就會形成群體心理，能滿足大多數人的心理需求，流量自然而然會被吸引過來。所以，流量大都會聚集在熱點上，這不是什麼新鮮事。**對做流量的人來說，能緊跟熱點，甚至是自己創造熱點，等於找到了開啟流量大門的鑰匙。**

接下來，我要分享幾個常見的熱點類型。

一、與名人相關的衝突事件

一般來說，名人都自帶流量。越是知名度高的名人，受到的關注越多，也越容易成為熱點。

比如，某明星出車禍，一時之間帶起了很多熱點話題，比如駕駛安全、汽車品質、兒童安全座椅、酒駕、繫安全帶等。

實際上，每年發生的交通事故有幾十萬起[1]，為什麼其他事故沒有引起這麼多的關注和討論？原因很簡單，因為當事者是有名人，才讓這件事很快成為熱點。

換句話說，對大多數人來說，都免不了想「看熱鬧」，**大家喜歡關注衝突，尤其是與名人相關的衝突。**

二、國家大力宣導的事件

國家大力宣導的政策方向，往往符合大多數人的利益需求，所以很容易引起大家的關注。

大家之所以如此熱衷於國家大力宣導的事件，一是因為這些事件與他們的切身利

1 據臺灣警政統計，二〇二二年道路交通事故共計三十五萬起。

益相關，二是因為民眾大都有愛國情懷。幾乎每一個人都堅守一個理念，那就是「國家興亡，匹夫有責」，大家都相信國家大事與自己有關。

當大家高度關注這些事件時，它們就有可能成為熱點。

三、生活中比較少見的事

所謂「物以稀為貴」，人們總是喜歡追逐稀缺的東西。所以，那些生活中比較少見的事件，也很容易成為熱點。

比如，有一個社會熱點是「飛天小粉豬」。小豬氣球隨處可見，但是一位賣氣球的商家串起一個個粉色小豬氣球，再一層層疊起來，最終呈現出憨厚的老爺爺騎著腳踏車，後排帶著一大串飛天小粉豬，像是動漫裡的畫面。人們從沒看過有人這樣賣氣球，這件事迅速在網路上傳開，並成為社會熱點。這種顯著的稀缺性，很輕鬆的就吸引一大波流量。

這類事件，往往能滿足用戶對稀缺性的心理需求，在做流量時，一定要學會運用這種心理。

了解常見的熱點類型後，我們該如何利用熱點吸引更多流量？

一般來說，按照熱點事件的發生過程，可以分三次跟隨熱點（詳見第五十三頁圖表 2-1）。

①唯快不破，及時轉述

對於熱點事件，只要你發表得夠及時，簡單轉述就能獲得巨大的流量。因為在事件發生的第一時間，每個想了解這件事的使用者都會到各個平臺搜尋，如果你能趕在其他人之前發表，用戶自然會優先跟你互動。

以前面的明星車禍事件為例，第一時間發表這事件的帳號只是簡單轉述「某某明星出車禍了」，就獲得超過四十萬的按讚數。

所以一定要記住：**熱點面前，唯快不破！**

②少說廢話，輸出自己的觀點

如果你沒能趕在第一時間跟上熱點，就要透過觀點來獲取流量。

在輸出觀點時，要注意保護好自己的人設，表達正向價值觀的內容，不要胡亂跟風。為了熱點而譁眾取寵，甚至破壞自己的人設，是不可取的，也是在內容輸出時最需要注意的一點。

還有，作為第二批分析熱點的人，不要闡述太多，即少說廢話。要知道，在事件發生一段時間後，大多數人已經了解事件的來龍去脈，贅述只會讓用戶不耐煩，所以，你只要直接表達自己的觀點就好。

最後，在表達觀點和看法時，**要跟你的人設有關**，這樣會讓你的觀點更加真實。那些與自己毫不相關的內容和觀點，即便能吸引到流量，也是沒有價值的流量，也就是我前面說的垃圾流量。

③發表完全不同的新觀點

如果前面你都趕不上，熱點也已經過了相當長的一段時間，那你就需要找一個新奇、與眾不同的角度發表觀點。

清朝小說家曹雪芹寫的《紅樓夢》，多年來一直都是熱點，直到今天，依然有很

圖表 2-1　跟緊熱點，要分 3 次

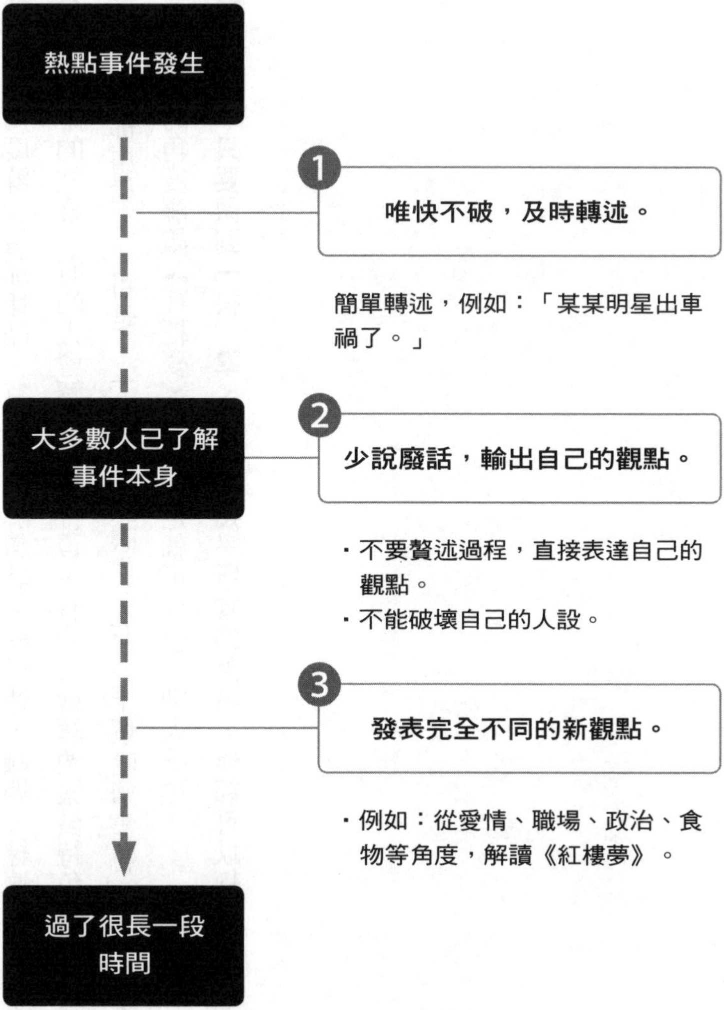

多人從不同的角度解讀這部作品。有的人會解讀其中的愛情、職場、經濟、政治，有的人會研究其中的飲食、有的人會解讀人物特質、有的人會解讀服裝特色。可以說，幾乎每個角度都用過了。可是，「一千個人眼中，有一千個哈姆雷特[2]」，如果你能從一個新奇的角度解讀《紅樓夢》，說不定就可以吸引別人關注。

總的來說，**只要做到「快、準、新」，幾乎所有的熱點，你都可以輕鬆駕馭**。

2 發送福利的藝術

在流量平臺上，很多人會透過發放福利（按：通常指直播的優惠、包括降價、贈品等）獲取流量，可是，有些人明明已經發福利，但是不僅沒有獲得流量，反而得到用戶的差評。究其原因，是缺乏發福利的技巧。

接下來，我要跟大家分享六個發放福利的注意事項。

一、福利對了，但人不對

發放福利時，最忌諱的就是自我娛樂。如果一個福利只是你自己覺得好，但是對用戶毫無用處，它就不是用戶想要的，自然無法吸引流量。

2 出自英國文學家威廉．莎士比亞（William Shakespeare）的名言。

而且，發放的福利要符合IP自身人設。一個做短影音培訓的人，選擇的福利應該是個人定位諮詢，而不是一瓶啤酒、一箱牛奶；美妝博主可以送用戶口紅、香水，但不能貪便宜送自己家裡多的烤鴨。

雖然啤酒、牛奶、烤鴨都有價值，也都是很好的福利，但是不應該由短影音培訓和美妝博主來送。

這就是所謂的「福利對了，但人不對」。福利與IP定位不相符時，用戶不僅不會給予好的回饋，還會覺得你很奇怪、很吝嗇，有可能會損害你的品牌認知（Perceived Quality，大眾對於品牌的了解程度）。

二、敷衍的福利，不如不送

很多發放福利的人，態度很敷衍，福利更敷衍。他們覺得只要發東西就好，可是在用戶眼中，並不是所有的東西都能算作福利。

過於敷衍的福利不僅無法帶來流量，還會損害你的人設形象，讓用戶不願意和你互動。

假如，你送沒有用、根本賣不出去的東西，用戶會覺得受到輕視，這無形中就會傷害他們對你的信任。只用利己思維做福利，最終只會傷人傷己。

只有那些高品質、使用者需要的福利，才能成為很好的「鉤子」，進而引導用戶消費。所以，福利的內容和體驗應該更高級，這樣的福利才是用戶期待的、才能增強用戶黏性。

三、發放福利不能拖

一旦承諾要給用戶福利，就一定要及時發放，千萬不能拖延。很多用戶本來就是為了福利而來，如果得不到，他們會很失望。

言出必行，是增加信賴感的前提。不兌現承諾會傷害自己的口碑，也會損害用戶對你的信任度，讓好事變成壞事，還不如不做承諾。

實際上，很多人在發放福利時，都希望用最小的成本獲得最大的流量。這種心理可以理解，只不過很多人都不知道方法。

四、福利要成本低、收穫感高

想要用小成本換取大流量，可以做對你來說成本極低，但對用戶而言，卻極有價值的事。

比如，我送一套價值兩千元的課程，我的邊際成本（marginal cost，指廠商每增加一單位產量所增加的成本）很低，但是對於用戶來說，從這門課裡能學到的知識和經驗卻非常有價值。

再比如，我送價值四千元的線下培訓課，使用者可以現場提問，連結人際資源，並且學到更多技巧，對他們而言，這也是收穫極大的福利。

這些都是成本低、收穫感高的福利。但如果我承諾送客製版文案，那我的負擔就會很大。幫成百上千的用戶寫文案，不僅非常耗時、耗力，用戶還沒有太多收穫。

除了知識賽道，其他賽道也有很多成本低、收穫感高的福利。

比如，美食探店的帳號可以和餐廳合作，讓粉絲消費享八折優惠，這樣餐廳的人流量會變多、粉絲吃飯省錢，你也不需要額外付出成本。美妝的人，則可以選擇品牌方贈送的化妝品作為福利，既可以幫品牌做宣傳，粉絲又能拿到實實在在的福利，自己也不需要負擔成本。

類似的選擇福利，以及發放福利的方式，在很多賽道都可以借鑑。善於做流量的人，對此是非常敏感的。

五、製造緊迫感

在現實生活中，在某段時間內所擁有的資源數量不能滿足欲望時，人們就會產生緊迫感。也就是說，**透過限時、限量，可以為用戶帶來緊迫感**。

限時與限量會讓用戶產生危機感，他們很擔心自己得不到這些免費福利。當用戶的這種情緒被挑動起來時，他們會更願意參與互動。因為他們會覺得自己有機會獲得福利，如果不參加會很可惜。

在我看來，活動日、生日之類的特殊節日，是發放限時福利的好時機。比如「今天我生日，隨機送三十本書」，類似這樣的福利能讓流量最大化。

六、製造意義感

物品的價值都是有限的，但是一旦加上故事、標籤、品牌屬性，這個物品就會更具有意義。比如，名人生日專場的簽名版口紅和普通口紅，雖然是同一品牌、同一色號，但是對用戶的意義完全不同。有品牌屬性的福利具有稀缺性和定價權，對用戶來說也更有意義。

福利能夠帶來流量毋庸置疑，如何利用福利帶來流量，則是很多做流量的人必須思考的問題。以用戶為中心，送用戶想要的東西，才能刺激他們的積極性，讓他們帶來流量。

3 愛美背後的心理需求

愛美之心，人皆有之，比如大家都愛看美女，這種追求無可厚非。事實也證明，美麗確實可以形成一種經濟。

那麼，愛看美女背後究竟反映哪種用戶心理？

追隨心態

很多人喜歡看美女，其實是出於追隨的心態，畢竟多數人都希望自己變得更好看，一些美女身上，有追隨者想要成為的樣子。所以，他們會關注美女，希望自己也可以變成美女的樣子。

人天生渴望美的事物，這是人的本能。看到美麗的事物時，人們會覺得賞心悅目，得到心理上的愉悅。無論是美女，還是美食、美景，都能給人帶來心理上的滿足。

流量需要美女，美女也需要流量。那要怎麼利用美女的形象優勢帶動流量？

日本知名設計師佐藤可士和，他認為，無論在哪個國家，人們看到美好的東西的感受都是一樣的，會本能的欣賞美好的東西。也就是說，對於美好的東西，一個有品味的人會喜歡，沒有任何審美常識的人也會喜歡。

但**在美女並不稀缺的時代，只憑美貌並不一定能獲取流量，因為真正稀缺的是「美女＋」**。

有些人雖然長得很美，但是她們的美沒有特點，這樣的美女在平臺上數不勝數，用戶的選擇很多，無形中就分散了流量。所以，想要獲取更多流量，就要嘗試更多的可能，為用戶提供更多的東西。

如果能在滿足用戶愛美需求的同時，向用戶展現更多的特質，那麼無疑會引來更多的關注。**在美女這個標籤之外，向用戶展現更多「＋」的標籤，就是我所說的「美女＋」**。

比如，一個女孩長得很好看，加上會釣魚，直接就把美貌打入一個主要是男性的賽道，因此更容易獲取流量；一個長得很美的女孩，又會騎摩托車，那就能打進競速賽道。

再比如，在體育界，有很多長相甜美的運動員，她們的標籤可以是「美女＋奧運游泳冠軍」、「美女＋奧運滑雪冠軍」、「美女＋奧運體操冠軍」等，像她們這樣的美女，在美之外，還有更多的標籤，一定比一般的美女更具稀缺性，自然也更容易獲取流量。

當然，這個流量密碼不只可以用在美女賽道裡，只要是被人欣賞的美的事物，都可以用來吸引流量。

很多人參與的寵物賽道，也是利用了人們愛美的心理。一個美女可以得到一百萬按讚數，一隻很可愛的小貓也可以做到同樣的效果。

舉個例子，有的博主創立帳號，所有影片的第一個鏡頭不是本人，而是一隻很可愛的小貓。這些影片能獲取流量，是因為用戶看到可愛的小貓會覺得療癒、美好、可愛，也從底層滿足了人們想要獲得快樂的心理需求。

一些專門拍攝並發布美景的帳號持有者，會特意在國外拍攝一些我們平時不容易看到的美景，這些影片讓只能在辦公室工作的人們心馳神往，並按讚、收藏，由此帶來巨大的流量。

有些內容創作者會拍攝在世界各地吃美食、喝美酒，這也能大幅滿足用戶的精神需求，從而帶來流量。

美好的事物往往可以治癒人的心靈，所以深受人們喜愛。只不過，很多做流量的人覺得，自己無法四處遊走、隨意吃喝，所以不敢做旅遊這個領域。實際上，美無處不在，我們要做的不是四處尋找美，而是發現生活中的美。

你在街上看到一位中年男子，他的身旁放了一個蛋糕，哪怕他髒兮兮的指甲裡全是泥巴，旁邊的蛋糕也是嶄新的，因為他正準備回家幫女兒過生日——這就是一個非常溫馨、美好的場景。你拍這個場景並發表，說不定就有一百萬人按讚。這是為什麼？因為這張照片能夠治癒我們的心靈，它就是美好的代表。

學生時代，我的老師經常說一句話：「生活是很美好的。」那為什麼有些人能拍出美好的照片，有些人卻拍不出來？這是因為有些人沒有發現美的眼睛。他們不會從身邊的美入手，總覺得一定要買票、搭車，特意到某個地方拍出來，才是美好的事物。

想運用美好的事物獲取流量，必須牢記一點：我們要做的是發現，而不是尋找。發現生活中那些看似平常的東西，然後拍出它們的美好，讓世界上更多人欣賞、讓別人感受到身邊未曾留意的精彩，你自然能獲得流量。

4 怎麼一秒抓眼球？衝突法則

人和人之間產生衝突，不是因為價值觀有所不同，就是在利益上有所分歧。大到國家與國家之間的戰爭，小到普通人之間的爭吵、打鬥，幾乎都逃不過這兩個原因。

關於衝突，我曾經說過一句話：「**衝突，等於渴望加阻礙。**」（見左頁圖表2-2）什麼意思？就是你渴望做某件事並從中獲得某些東西，可是在過程中，你遇到很多阻礙，於是衝突就產生了。

舉例來說，一個說車帳號的號主，他在影片開頭說：「我想用二十萬元買一輛BMW（寶馬）」。買BMW是渴望，但是以這個價格買不到他想要的車，這就形成了阻礙。這樣的影片就能呈現最簡單的衝突。前面說過，衝突能吸引眼球，往往是帶來流量的法寶。

為什麼大家都愛看《西遊記》？很大一部分原因是師徒四人在西行路上經歷

圖表 2-2　衝突法則

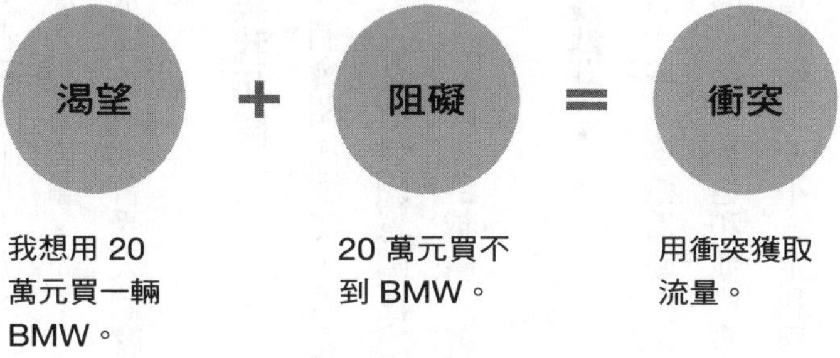
渴望
+
阻礙
=
衝突
我想用 20 萬元買一輛 BMW。
20 萬元買不到 BMW。
用衝突獲取流量。

九九八十一難，其中的波折和衝突吊人胃口，讓我們很想一直看下去。

換個角度想，如果孫悟空乘著筋斗雲，帶著唐僧直接到西天，順利的取回真經，那也就沒有這部名著了。還有很多武俠小說或電視劇，劇情往往都是一位少年渴望成為英雄，經過重重困難，一路磨練自己，最後夢想成真，成為天下第一。

這些都是經典的「渴望加阻礙」的範本，**有衝突和曲折，才能抓人眼球**。

所以，在創作短影音內容時，可以像《西遊記》一樣，將用戶的渴望盡量投射到作品。每個人內心都有渴望，你要挖掘出能滿足大眾需求的渴望，比如，渴望獲得財富、愛情、成功、變得更好等。這些渴望是大部分人都感興趣的，如果能將這些元素投射到你的故事中，然後為渴望加上一定的阻礙，不斷的製造衝突，就能夠吸引眼球，獲取流量。

那麼，衝突會受人們關注，其心理原因又是什麼？

一、與我相關

人們會關注衝突，首先是因為它與自己有關，想看看別人如何處理衝突。大家之所以願意關注成長、美女、暴富，是因為這些都是用戶所憧憬的。你處理的衝突涉及的人群越廣，就越容易紅。

二、湊熱鬧

有一些人喜歡看衝突，單純是想湊熱鬧。街上有人打架，可能和他們毫無關係；同事的八卦對象也和他們毫無關係，但他們就是想湊熱鬧、排解無聊。

這類衝突並不一定和用戶息息相關，但可能是少見，或是能打破常識的，所以即便與用戶沒有關係，衝突本身的矛盾感也很容易吸引眼球，帶來巨大的流量。

既然衝突這麼引人關注，那我們該如何利用衝突獲取流量？

首先，我要告訴大家，衝突包含很多面向，包括人與人之間、人與組織之間、組織與組織之間、國家與國家之間等。

一般來說，因為雙方的需求無法同時被滿足而形成對立，這種對立便會帶來衝突。在衝突中，有矛盾和碰撞、有難以預料的結果，這種未知性，是引起用戶關注的重要因素之一。風平浪靜的狀態，跟大多數人的生活狀態相似，過慣這種生活的人，往往不會對這種狀態有興趣。

大家都知道，衝突是不正常的，它脫離了常態，讓很多理所當然的事情變得矛盾重重。可是，有很多人因為自己生活在常態之中，反而想打破現狀，所以對衝突格外有興趣。

最簡單的方法，其實就是利用我前面提到的「渴望加阻礙」。具體來說，可以根據衝突的大小，分成兩種情況。

①用大衝突，講好你的故事

這裡講的大衝突，其實是從整體層面而來的。在大衝突上，一定要有願景和成長過程，講好IP故事。

比如，特斯拉（Tesla）首席執行長伊隆・馬斯克（Elon Musk）曾說過，他的夢想是探索火星、拯救人類。雖然人們至今沒有成功登陸火星，但這並不妨礙他受人追隨，而事實上，已有越來越多的人願意加入他的行列，完成共同的願景。

所以，想講好故事，就要先說出你的願景。**你是什麼人不重要，重要的是你想成為什麼人**。對別人來說也一樣，你的願景比你最後怎麼樣更重要，因為大家會跟著你一起體驗成長的過程，體驗一場成就自我之旅。一個IP持有者，如果所有人都希望他能成功，那他就成功了。

②小衝突

這裡的小衝突，其實是指細節層面的東西。

比如，在創作單一個作品時，可以在每一條文案、每一個腳本中製造衝突，並針對使用者「與我相關」和「湊熱鬧」的心理，用渴望加阻礙的方法，完成內容創作。

不過需要注意的是，如果你的IP的流量是被大眾捧起來的，這其實是一件很危險的事。水能載舟，亦能覆舟，**這類IP的人設一旦不符合大眾期待，就很容易被流量拋棄**。

5 多看效應：從聲音、動作，打造記憶符號

人們願意口耳相傳，一般有兩個原因：第一是這些事情提供了價值，人們從中獲得良好的體驗、收穫滿滿；第二是人們被多次灌輸、被迫記憶。

很多人都不理解，為什麼會不由自主的說出廣告臺詞。明明沒有刻意記下來，卻記得無比深刻，甚至在潛移默化中莫名認可它們。

在心理學上，有一個「多看效應」（Mere Exposure Effect，亦稱重複曝光效應），是指人們對越熟悉的東西就越喜歡。實際上，很多廣告商就是藉由不斷的重複，在使用者腦子裡製造超級符號，讓他們記憶深刻。

在生活中，其實就有很多超級符號，且本身就具有特定的意義，例如紅綠燈、指示牌。

這些符號悄無聲息的融入我們的生活，有時我們甚至不需要思考，就會不由自主

的展開行動。

在創作內容時，我們同樣可以借用超級符號，讓使用者幫我們口耳相傳，帶來更多流量。一般來說，我們可以從以下三個方面著手。

形象簡單，更有記憶點

在形象上製造超級符號，最簡單的做法，就是不斷的出現在用戶面前。

一般來說，簡單的形象更容易被記住，但也可以在具體的形象設計上，增加一些大的標誌，以此加深使用者的印象。

比如，有個帳號的號主，她拍每部影片都會穿上一件黃色衛衣，並持續了兩年，用戶就很容易記住她。有記憶點的臉、有記憶點的衣服，都能讓用戶印象深刻，而且這種固定的形象還能減少傳播成本。

在設計形象時，你不需要試圖改變自己的長相，可以從裝扮上入手。假髮、帽子、衣服等，都是可以加深記憶點的配件。

比如，拍片時固定穿紅衣服。當然，**重要的不是紅衣服本身，而是一直穿這件紅衣服，它就是你的記憶符號**。如果你穿紅衣服拍片，拍了三十期，某天拍攝忘記帶紅衣服，就隨便穿其他衣服拍了幾期，那麼你後面再穿這件紅衣服，效果也不會太好。

聽覺錘：簡單、重複，才能一傳百

除了視覺上的超級符號，聽覺錘[3]也能讓用戶留下深刻的印象，所以你一定要設計自己的口號。你可以參考很多洗腦廣告詞，要相信所有爆款都是可以重複的。

比如「怕上火，喝王老吉[4]」、「鉑爵[5]旅拍，想去哪拍就去哪拍」，我們能記住這些句子，不是因為有多高深，只是因為不斷的重複而已。當然，聽覺錘還包括一聽就能認出來的笑聲、固定的背景音樂等。

具體來說，聽覺錘的設計應遵循以下三個原則。

一、和產品相關

舉例來說，我專做短影音培訓，所以我的口號是「相信爆款是重複的」，使用者在學習短影音、想要做出爆款內容時，就會想起我。當然，我也可以喊網路上流行的口號「來了老弟[6]」，但這和我的產品無關。而且在說口號時，一定要說出用戶的心中所想，而不是一些高深、自我陶醉、難以理解的句子。

二、簡單利於傳播

我們在前面提到，簡單更便於用戶記憶，更有利於傳播，比如「恆源祥，羊羊羊」（按：源自於一家羊毛線品牌恆源祥，「羊羊羊」讓消費者直接聯想到羊和羊毛，且「羊」在上海話有財運旺盛的意思）。

3 指透過不同的聲音，將資訊植入使用者的大腦，就像用錘子釘釘子。
4 中國知名涼茶品牌「王老吉」的廣告臺詞。
5 中國婚紗攝影公司。
6 中國網絡流行詞，源自於抖音上的一位燒烤攤大姐招呼熟客時的常用臺詞。

三、用重複全面覆蓋

在平臺、電視等所有能發聲的地方，重複你的內容，這樣做就是為了全面覆蓋。比如，你前面有一千萬人，你需要讓這一千萬人不斷重複你的口號，攻占他們的大腦。

語言的傳播力是非常巨大的，所以你需要設計一個口號。比如，我常說：「相信爆款是重複的。」我一直喊這句話，剛喊了三、四個月就很有效果，所有影片的觀眾，甚至很多沒看過影片的人都知道這句話。

而且，我靠這句話結交了一百位網紅，他們聽到這句話，就覺得我很懂內容，因為這正是他們心中所想的那句話。

設計一句非常簡單的口號，然後不斷的重複，人們就會記住你，甚至還會幫你喊口號。

設計一個簡單的動作，並在所有影片中不斷的重複這個動作。比如，我們前面提到的說車帳號的號主，他在每部影片開頭都會說：「今天我們去哪開什麼車？」同時固定做一個動作。

人還沒紅，「動作」先紅

在他剛紅起來兩個月的時候，很多人在路上碰到他，根本不知道他叫什麼，但看到他的第一句話都是：「你是不是那個？就『我們去哪開什麼車』？」而且還會模仿他的動作。

要知道，視覺傳播力也很強，他總是重複這個動作，在不斷重複的過程中，用戶就記住了。所以，他才能做到人還沒紅，動作就先紅。

你想做大流量，也可以設計一個動作，並不斷重複這個動作。我之前在自己的影片無意中做了某個動作，評論區就有人說：「妳在後面比劃什麼？」我就意識到用戶對這個動作有印象，無論這個動作好不好看，都沒有關係，只要用戶有印象，我就會不斷重複這個動作。

在這之後，每個影片中，我都會做這個動作。有人在評論區說：「我就喜歡看妳後面這個動作。」也有很多人說：「妳這個動作太尷尬。」、「妳後面這個動作真的好醜。」但是，這都無所謂，**我要的是用戶印象，而不是這個動作的好與壞**。

圖表 2-3　洗腦的記憶符號

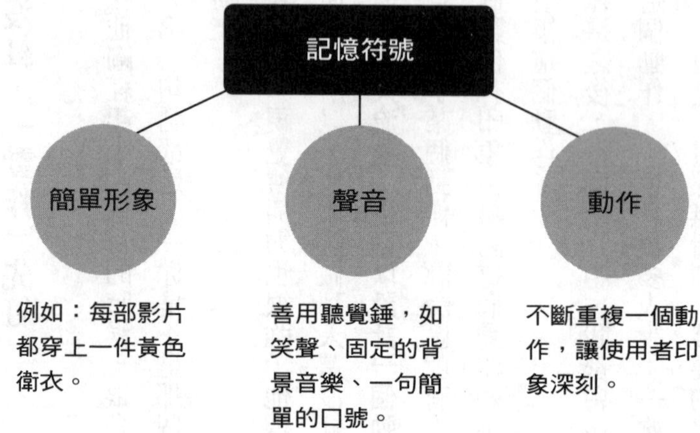
記憶符號
簡單形象
聲音
動作
例如：每部影片都穿上一件黃色衛衣。
善用聽覺錘，如笑聲、固定的背景音樂、一句簡單的口號。
不斷重複一個動作，讓使用者印象深刻。

所以你要設計一個動作，然後不斷重複它，加深用戶的印象，這樣用戶才會對你印象深刻。

想讓用戶幫你傳播，首先要讓用戶留下印象。無論是設計形象，還是聲音，抑或動作，目的都只有一個，那就是讓用戶記住你（見上方圖表2-3）。

6 互惠原則不能違背

所謂互惠原則，其實就是互惠互利。別人為你做事情、提供價值，那你也應該以相似的方式或行為回報別人，反之亦然。遵循這個原則，可以讓人們答應一些在沒有欠人情時一定會拒絕的請求。

不管在什麼時候，只有你幫助過別人，別人才更願意幫助你。而幫過你的人，往往會願意再幫你一次。用戶在你這裡花的錢越多，就越想花錢；在你這裡花費的時間越多，就越想為你付費。

做流量也是一樣，讓用戶得到實惠，他們才願意追隨你。要記住，**利他是最大的利己，願意付出的人，才能做好ＩＰ。**

分享有價值的內容

千萬不要愚弄用戶，不要以為隨便講講道理就能獲得流量。用戶都是真實的人，要毫無保留的分享實用資訊，才有可能獲取流量。

如果想把流量做起來，就要認真總結你所在行業的規律和經驗，努力輸出對行業新人有幫助的方法。假設你正走在大街上，突然告訴別人一件對他有幫助的事，他是願意聽的；但你告訴他一句他已經知道的廢話，那他肯定不願意聽，甚至還會覺得你不正常。

有些人之所以沒流量，主要是因為他們輸出內容時總有所保留。這些人喜歡把真正有用的知識藏起來，覺得用戶必須付費才能學到東西或獲得價值。

這種想法其實是錯的，每個人都應該毫無保留的分享有價值的東西，然後再做付費課程、給用戶一個總結、梳理好的產品。

分享得越多，分享的東西價值越大，獲取的流量就越大。

搶占用戶的時間、精力

別人幫你一次，就會願意再幫你一次。這是毋庸置疑的，因為**人們有慣性心理**。同樣的，**用戶在你身上花費的時間、心力越多，感情就越深；花費的金錢越多，信任度就越高**。

想讓用戶停留更長時間、更信任你，很重要的一個方法，就是**讓用戶小額付費**，而且付費之後要花時間看你的課程。如果他能花三小時看完課程，就代表已經和你建立非常強的連結。試想一下，一個人趴在自己家裡，聽一個陌生人講三小時，並且把這個陌生人的知識灌輸到自己腦子裡，這是多大的認可！他一旦開始認可你，就會再次向你付費，購買更高價的產品。

要知道，一個只會關注和按讚的用戶可能會罵你，一個給你付費九．九元（按：約新臺幣四一．六元）的用戶也可能會罵你，但是一個交了幾萬元學費、跟你學習的用戶卻不會罵你，因為他高度認可你，否則也不會在你身上花那麼多錢。

那麼，具體要怎麼做才能搶占用戶的時間、精力？

①優質的內容是基礎

只有好的內容，才能吸引使用者。如果你的短影音和直播的內容都是泛泛而談，沒有方法和知識，用戶就不會主動和你建立關係。

②學會運用漏斗思維

想要獲取用戶，吸引流量，一定要有漏斗思維，你可以用「鉤子」類的低價產品（就是我們前面提到的小額付費）留住使用者，之後再做更高價的產品，吸引使用者購買。

③要深耕用戶

要知道，一個高價值用戶背後可能站著十個，甚至一百個潛在用戶。高價值用戶不只會為你付費，還會帶來更多用戶。所以，絕對不能抱著使用者已經買產品，就不需要再維護的心態，而是要更用心做好後續服務。這樣，這些高價值用戶才會越來越積極付費。

我們可以看到，很多善於做流量的人，對老用戶更用心。這是因為他們懂得深耕用戶，知道這樣做才最節省成本。

搶占用戶時間、精力的核心所在，其實是用利他思維獲得用戶認可，建立更強的連結。這就跟談戀愛一樣，只有不斷產生連結，不斷讓對方在你身上花費時間和精力，兩個人的關係才能越走越近，越來越認可彼此。

④品牌和人都要有故事

一般來說，用戶有共鳴後，會更容易信任你。如果你能讓用戶講出幾個你的故事，就證明你做的IP是成功的。

一定要有故事，才能讓別人更加喜歡你、了解你。只有你的人設更立體，用戶才會對你更加有印象、有感情。

我們可以看到，不只是個人IP，其實所有能被人記住的品牌都不是冷冰冰的，他們都有品牌故事。

比如「認養一頭牛[7]」這個品牌，為什麼能從眾多牛奶品牌中脫穎而出，迅速紅起來？因為它的故事很動人：

「我為我女兒專門做了一款牛奶，如果你也想喝，可以過來購買。」

一位老父親為自己女兒做的牛奶，一定安全，這滿足了用戶的安全需求；這個品牌還講了一個溫馨的故事，讓用戶感受到溫暖。一個既安全又溫暖的品牌，自然會讓用戶更喜歡、更信任。

香奈兒（CHANEL）品牌流行上百年，也是因為它有理念、有故事。這個品牌的背後，其實展現的是一個女人的傳奇人生，而且，直到現在，創始人可可．香奈兒（CoCo Chanel）的傳記仍廣為流傳。

所以，這個品牌能長銷是有道理的。

打造IP也一樣，一定要有自己的成長故事，要講自己的故事，用戶聽完後，對你產生共鳴和認同，覺得你的故事為他們帶來價值、滿足某種心理需求，他們才會更加喜歡你。如果一個用戶能夠記住你的七、八個故事，就代表他是忠實粉絲。

想讓用戶在你身上投入更多時間和精力，就一定要懂得遵循互惠原則。你提供用戶越多價值，他們對你就越信任，帶來的流量也就越多。

7 創立於中國杭州的乳業品牌。

Chapter

3

贏家思維，
替自己貼標籤

1 選擇賽道的三個技巧

稀缺的重要性和表現形式，我在前面已提過一些基本概念。借助稀缺性來獲得流量，也是常用的方法之一。

在做帳號定位時，稀缺性也是重點因素。它和內容的稀缺性，有相同的地方，也有不同之處。

那麼，具體而言，我們該如何發現定位的稀缺性？用上帝視角做定位，也就是要跳出你所在的行業和賽道做調查，看整個賽道是什麼樣子、有什麼樣的人，以及透過找到自己的定位，藉此和其他人做出區別。**在不稀缺的領域做稀缺的人設**，這是在你自己身上找到稀缺性的方法之一。

比如，**機車賽道裡帥哥很多，但是很少有女孩子玩機車**，我們就可以打造一個「機車女神」的人設。包括我自己，知識類博主裡，很少有像我這樣的女孩形象，所以我做知識類博主，也具有差異化和稀缺性，自然就更能獲取流量。

讓觀眾參與人物設計

還有一個發現自己稀缺性的方法，就是讓觀眾參與你的人物設計，最直接的做法就是多看評論區。

有人說你是全平臺最搞笑的，還有人說你是全平臺最高的，這些評論都可以幫你找到自身的亮點，或者你自己看不到的差異點。

然後，再從這些回饋中，選出最適合你的差異化因素並將其放大，就能找到專屬於你的稀缺性。

之所以讓觀眾參與創作，是因為人很難看清自己。我們的眼睛總是向外看，看別人都看得很清楚，卻不容易看清自己。所謂「當局者迷，旁觀者清。」看不清自己時，就讓觀眾來幫忙，這是一個很好用的方法。

透過強關係評價做定位

除了上述兩種做法，還可以透過身邊朋友尋找自己的性格特點。這個方法**適合剛開始做流量、還沒有多少粉絲的人，可以先收集強關係**（按：指同性質的人際關係）**朋友給的建議**。

以我自己為例，我是先透過朋友的評價選擇適合自己的方向，在做流量的過程中，獲得用戶評價後，再從這些評價中找到自己的稀缺性。

剛開始時，我選擇拆解網紅、商業模式、品牌三個方向。身邊的朋友都說我的形象比較適合做網紅拆解，因為我看上去很像在網紅培訓公司工作的人，如果我講商業模式會顯得很奇怪、很不搭。

其實，我也曾試過商業模式拆解，但發現效果確實不太好，於是便採納了朋友的建議。後來，拆解網紅才做沒多久，流量就明顯提升。我發現自己在這個賽道是有稀缺性的，於是就繼續做下去。

在做流量的過程中，有粉絲評論我的帳號定位、內容、動作等，還有人指出我跟其他人的差異，我便慢慢從中提煉出更加精準的稀缺性。

這裡，就又回到了觀眾參與定位的層面。不難看出，這些方法要相輔相成，彼此交融，才能讓定位更稀缺、更能吸引用戶的注意力。

在不稀缺的賽道裡，找稀缺

短影音培訓賽道裡，大家都在做商業專案。很多帳號都在教大家怎麼在抖音上獲得流量，然後賺到錢，內容基本上都偏向商業化。而能紅起來的，也大都是做這類內容的。

我當時就想，這個賽道競爭這麼激烈，角度切入一定要很不一樣，才有可能紅。我是學導演的，所以在簡介裡寫「導演思維」，就是告訴人們我要傳遞的是導演思維、製作思維。人們一看，覺得我和別人不太一樣，有導演思維的人，拍出來的東西應該不會差，所以，我才得到了更多粉絲和流量。

如果我跟其他人寫一樣的簡介、做一樣的定位，那一定比不上頭部帳號，想在賽道出頭，幾乎沒有什麼希望。

總的來說，在做定位的決策過程中，我會結合個人特質，透過考慮市場大環境、聽取朋友建議、參考用戶反饋等方法，尋找、選擇、強調自己的定位稀缺性。找到定位後，我還會不斷強化和改進。做好定位確實很重要，別人看到我的簡介時，就會覺得我跟其他博主不一樣，對我就更認可了。

2 精準定位：只賺一分錢

現在的流量賽道，幾乎涵蓋所有的實體行業。無論線上線下是做什麼，在平臺上幾乎都能找到相應的行業。

於是，有些想做流量的人就隨便選擇一個賽道，一頭栽進去。可是，不是所有的領域都有流量，在決定做流量之前，還是應該選擇合適的賽道。一般來說，流量比較大的賽道會比較好。所謂**流量大的賽道，就是覆蓋範圍廣、涉及人數比較多的賽道**。比如女性成長、國學、寵物、家庭教育、情感、創業等。

稍微總結一下就不難發現，**這些賽道都跟人類不變的情感邏輯相關**。使用者永遠都會有情感問題、永遠都想向上成長、變得更好。

這些基於人類不變的情感邏輯的賽道，一般來說，流量都比較大。相對應的其他賽道，比如短影音培訓，有可能只會在某一段時間比較熱門，用戶會想學一下，但並不是用戶的長期剛性需求（Inelastic Demand，指在商品供求關係中受價格影響較小的需求），所以不是一個大流量賽道。

那麼，在選擇賽道時，應該注意些什麼？

①分析自身優勢

在選擇賽道時，首先要從自身出發，找到自己的優勢。要知道，**並不是所有的錢都能賺，你只能賺你能賺到的錢**，所以首先要考慮：你擅長做什麼。

②先有愛好，再選賽道

衡量賽道，愛好是一個重要的標準。要考慮你的愛好是什麼，因為愛好是你堅持做下去的原動力。

以我自己為例，我之所以叫休斯，是因為我的偶像是美國斜槓奇才霍華德．休斯（Howard Hughes）。有人說他是創業者，但了解他之後，你就會發現，其實他是理想主義者，他的成就都是源於他的熱愛。他從小就想造一架世界上最大的飛機，這是他從小的愛好，結果他在造飛機的過程中就賺到錢；他從小就想拍一部世界上最精彩的電影，結果在他追逐夢想的過程中，他又賺到了錢，甚至成為大富豪。在我看來，他一直是一個由愛好促成成就的人，錢只是在實現成就的過程中順便得到的東西。

所以，在選賽道時，一定要想清楚你的愛好是什麼，然後再做決定。

③不能違背大趨勢

要記住，絕對不能違背市場的大趨勢，否則想做流量就是異想天開。在選賽道時，要了解各種趨勢，如流量趨勢和平臺趨勢等，在綜合考量各方面後，再慎重的做出選擇。

選擇賽道時要考慮，哪些賽道是現在大環境不提倡的？哪些賽道是平臺比較冷門的？想清楚後，這些賽道我們就不碰。

比如，不要說什麼「我喜歡算命」，算命是一種迷信，而且很容易有糾紛，選擇這樣的賽道很可能失敗。選擇時，要先了解趨勢和平臺規則，再結合自身興趣，結合賽道流量。

變現需求

多觀察什麼賽道比較容易變現，就盡量做這樣的賽道，這些領域都很容易就能檢索到。比如減肥、短影音、好物分享等，都比較容易變現。

選賽道要結合平臺規則

當你沒有特別傾向哪種賽道時，應該結合平臺規則做出選擇，被平臺打壓的賽道我們就遠離；受平臺扶持的賽道，我們盡可能去做。

此外，在選擇賽道時，還要判斷自己的優勢，精準表述自己的帳號是做哪種類型。如果他人無法用一句話說清楚你到底是什麼博主，那麼你大概不會紅，因為你面向的人群太寬泛。

優勢定位，就是做到極度的精準和垂直。這並不代表內容很局限，而是指**想清楚你要服務和吸引哪一類人、你要賣哪一類產品**。ＩＰ定位就像一把刀，你的定位越精準、刀刃越鋒利，殺出重圍時，才能越迅速。

比如，很多人想在平臺獲取流量時，越是什麼都想要，往往越是什麼都得不到。因為大多數時候，不同帳號的服務物件都是不同的。

只有精準的定位，才能吸引精準的用戶。想透過帳號流量替實體店鋪做引流，只需要本地人的流量；想做招商加盟，需要吸引的就是創業者。

如果想在一個帳號上同時吸引上面這兩類人群，幾乎是不可能的。目標人群太寬泛，反而無法提供精準的服務。所以，選賽道時一定要抱持著「只賺一分錢」的心態，這才叫極度的精準和垂直。

比如，招商加盟前要獲取流量，就要增加內容的娛樂屬性。只講方法，往往會篩選掉一些潛在用戶。

假設你一開始就說「我是做招商加盟的」，雖然你的內容會被推廣，但能看到的人非常有限。這些人的確都是你的精準用戶，但也注定了你能獲得的流量會非常少。

你要考慮的是，市場上還有一部分沒有做過招商加盟的用戶，也許正在考慮要不要做招商加盟。如果你只給方法，那麼從一開始就會喪失這部分的使用者，你的流量低也就不足為奇了。

所以，做內容一定不能只有方法，很多用戶並不喜歡這樣的東西。加上一點娛樂屬性，以輕鬆的形式展開，往往能得到更大範圍的關注。

3 要快速變現，就先鎖定人群

我在前面提過，在尋找定位的過程中，應該先確定變現需求，然後鎖定人群，最後才是確定內容。

為什麼是這樣的過程？

先確定變現需求，是為了確定目標受眾。目標受眾確定了，人群也就明確了。再根據人群的畫像，設計相應的內容。這才是環環相扣的過程。

比如，一家蛋糕店要在抖音上做引流，它首先要考慮怎麼變現：如果以當地人為目標客戶，那就做同城引流；如果以全國人民為目標客戶，那就得做全國引流。人群確定後，才會考慮人群的特點，再針對這些特點做內容（見下頁圖表3-1）。

如果各個步驟過於混亂，甚至是前後顛倒，那麼定位一定會亂，帳號一定做不起來。

圖表 3-1　先鎖定人群，再創帳號

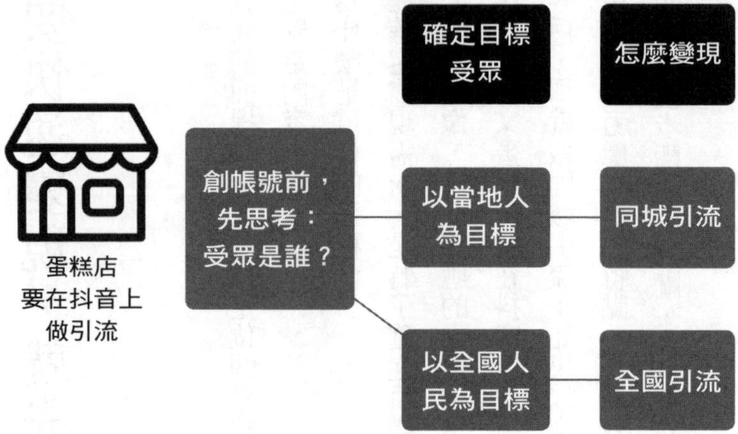

既然講到人群，自然會涉及人群的特點。

簡單來說，我們可以把人群劃分為泛用戶和精準用戶（見第一〇二頁圖表3-2）。泛用戶可以給你帶來「名」，精準用戶則能為你帶來「利」。

在此基礎上，我們來分析一下不同使用者的心理特徵。

泛用戶

從漏斗的角度來看，泛用戶只是刷到這個短影音的人，**他們可能會按讚，但沒有更多的互動，也不會繼續深入或**

付費。

但是，**如果因為沒有付費就輕視他們，絕對是不可取的**。在做流量的路上，泛用戶不可或缺，他們能錦上添花。雖然不能帶來實際的收益，但是他們能幫你增強背書，讓你更有影響力。

把做流量想像為一個征途，在你的征途中，每進步一點，就會獲得一個勳章，而泛用戶就是你最重要的勳章之一。關注你的人越多，越能說明你在這個領域的經歷和獲得的成就。

精準用戶

精準使用者是指會產生深度連結和收益的使用者，他們能為你付費，會購買你的產品。簡單來說，就是能帶來金錢、流量和名氣的用戶。

單從變現的角度來說，精準用戶可以分為普通用戶和高淨值用戶。

圖表 3-2　用戶分類

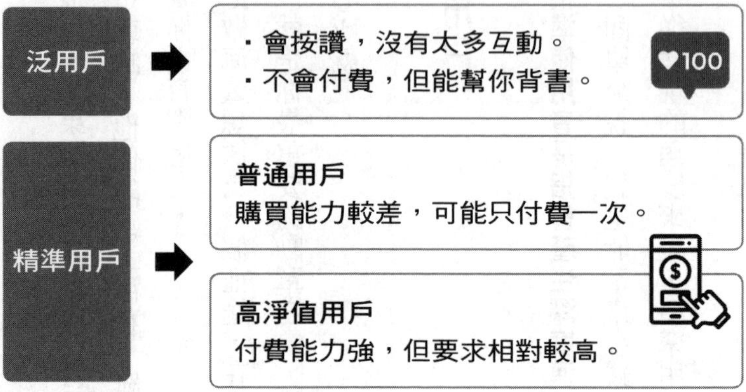
泛用戶
・會按讚，沒有太多互動。
・不會付費，但能幫你背書。
♥100
精準用戶
普通用戶
購買能力較差，可能只付費一次。
高淨值用戶
付費能力強，但要求相對較高。

①普通用戶

普通使用者會購買你的產品，但是購買能力較差，很可能只會付費一次。

②高淨值用戶

高淨值用戶是指那些付費能力強、會回購的用戶。這種高淨值用戶，哪怕只有一萬個，你也有可能賺到一百萬元，甚至一千萬元。

想要吸引高淨值用戶並不容易，缺乏特質的人是很難做到的。

一般來說，高淨值用戶的要求很高，也很難認可一個人。但是，只要他們認可你，就會不斷的回購。而且，高淨值使用者重視的是價值觀，他們更期待大腦產生快樂感；要吸引他們，就要讓他們高度共鳴，或者在認知上引領他們。

換句話說，想要吸引他們，你必須具備足夠吸引人的特質。比如，知識豐富、見識高、風格獨特等。這樣，你說的話、做的事、分享的日常生活，才能吸引到高淨值用戶。因為他們和你是同類人，同類人會吸引同類人。

在自身條件夠優秀後，你就可以不斷的篩選高淨值用戶，並和他們多多建立連結，從而達到變現的目的。

具體而言，我們可以從以下三個方面判斷高淨值用戶。

- **是否有需求**

用戶的需求決定了消費欲望。要判斷用戶有沒有需求，可以觀察用戶的行為，比如用戶問你問題、在直播間跟你互動，這就代表他們是有需求的。

- **消費能力的高低**

用戶的消費能力，與他們的收入高度相關，**高淨值用戶一般收入較高**。

● **是否認可你**

用戶對你的認可程度，將決定他們願意在你身上花多少錢。有些用戶雖然有錢、有需求，但是他不認可你，或是他聽不懂你說的內容，那他對你來說，就不是一個高淨值用戶。

多輸出和產品相關的內容

一定要多輸出和產品相關的內容，你講述的故事要圍繞產品，如果你發布很多作品，但是大都和你的產品無關，依舊沒有辦法吸引精準用戶。

相較於精準用戶，吸引泛用戶其實更簡單。

在確定變現方式和使用者人群之後，盡量多地輸出比較有價值的內容，但是內容不能太乾，對觀眾的要求也不能太高。內容的表達方式要更加泛娛樂化，越接地氣的內容傳播力越強，受眾範圍越廣，越容易吸引泛用戶。

精準用戶更在意品質、要求更高，他們需要的是豐富的文化內涵和一致的價值觀。但是**多數泛用戶追求的是短平快**[1]**的快樂感**，所以你要放下架子，提供更多具有娛樂性的內容。想吸引更多泛使用者，你的內容最好做到以下兩點。

①具有娛樂性

許多泛使用者看短影音時，想要的東西其實很簡單，就是開心。

如果你外型很好，他會因為你好看而關注你；如果你做搞笑帳號，他會因為你很好笑而關注你；如果你做美食帳號，他會因為你蛋糕拍得好看而關注你。

許多泛用戶要的就是這麼簡單，這樣的內容會讓他們產生更多快樂感。

②提供安全感

1 在新媒體中，指內容篇幅短、文風平實、傳播速度快。

泛用戶還有一個重要的需求，那就是安全感。很多泛用戶都很在乎產品是否安全可靠、你是否值得信任。所以，只有真誠的態度和高品質的產品，才能贏得他們的信任、才會讓他們付費。

人群的鎖定，至關重要。定位對了，事半功倍。

4 如何分析對標帳號？

分析對標帳號（按：指在相似的領域或主題上，已經取得成功的帳號），是為了向他人學習，更是為了做出差異化。所以，在找對標帳號之前，你要先確定自己想做什麼樣的帳號。

確定帳號類型之後，就可以在平臺上找跟你處在同一個賽道、相似程度比較高的帳號來分析。

那麼，如何準確的找到對標帳號？

一、App 資料庫

有一些 App 會收集平臺的所有帳號，本身就是個很大的資料庫（按：如抖音熱點寶，可掃描下方QR Code，至頁面上方按下「對標帳號」）。你可以根據自己想要了解的類型搜尋，你是美妝帳號就搜尋美妝，然後關注近期流量資料快速上漲的帳號。如果一個帳號現在有六百萬粉絲，但其中五百萬粉絲都是三年前漲起來的，代表這個帳號只是三年前做得好，現在已經沒有太大的參考價值，這種帳號就不能列入對標帳號。

平臺資料庫

這種方法的問題在於，雖然能很快找到對標帳號，但因為是以平臺為依據，有時平臺會給出錯誤的判斷，所以結果可能會不夠精準。

比如，平臺系統判定一個帳號屬於美妝類，但它其實不是，或者它已經換了方向或內容。

二、平臺演算法

透過平臺演算法尋找對標帳號，是最精準的方法。但是，通常需要花費很長一段時間。那麼，怎麼透過演算法尋找對標帳號？

做法就是先找出跟自己相似的帳號，然後跟這些帳號產生互動，比如按讚、留言，或者看完這個帳號的所有影片再關注等。

透過一系列的互動，演算法就會推薦更多同類型的帳號。慢慢的，你的主頁就會有越來越多的對標帳號。

在推播（按：行動裝置上彈出的主動消息通知）方面，演算法是最厲害、最公平的，在你跟這種帳號產生互動後，它會推薦更多相似的帳號。這也是我自己找對標帳號的方式，雖然有點浪費時間，但是非常精準。

接下來，我想跟大家分享一下分析對標帳號的意義、步驟和方法。為什麼要分析對標帳號？是為了「知己知彼，百戰不殆」（按：出自《孫子・謀攻》）。

我一直強調「相信爆款是重複的」，看對標帳號，就是要先看你所在的賽道上別人都在拍什麼，之後再從中學習，複製爆款。用這樣的方式做短影音，會更省時、更省力、更容易。你自己在家裡埋頭研究，好不容易研究出你認為好的拍攝方法，可能等你拍完發片後，才發現這個方法早就過時了。所以，找對標帳號真的非常重要。

那麼，找對標帳號的意義是什麼？

①尋找素材

透過找對標帳號，你可以在市面上找到素材，看看別人在拍什麼、怎麼拍，以及如何運用。不是叫你抄襲，而是找到能複製爆款的邏輯。

②用上帝視角做出差異化

要做出差異化，首先得知道別人在做什麼。用上帝視角觀察，看同行在拍什麼，研究同行的人設，再思考怎麼跟其他人做得不一樣，還可以研究非同行爆款，最後找出自己的差異點。

③提供創作靈感

對標帳號能提供一些創作靈感，我們要看那些做得到、賺到錢，或者說跟自己相似的帳號都在做什麼。

做內容不可以抄襲，但可以從他人的內容中獲取靈感。常用的一種方法叫「**A＋B＋自己**」（見左頁圖表3-3）。

圖表 3-3　創作內容，如何找靈感？

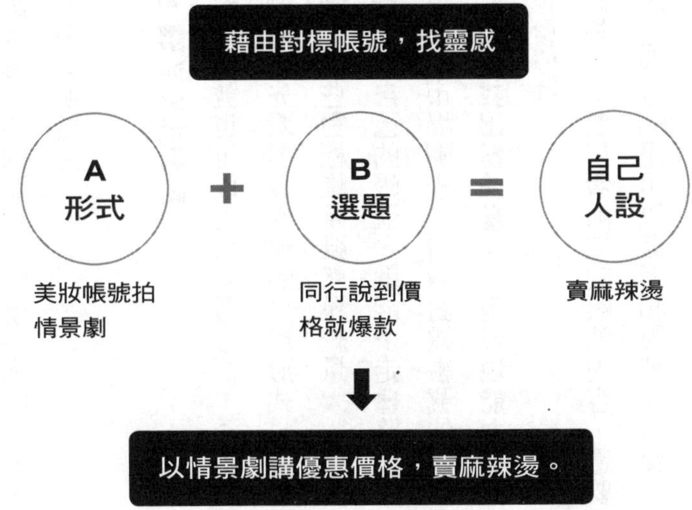
藉由對標帳號，找靈感
A
形式
美妝帳號拍
情景劇
B
選題
同行說到價
格就爆款
自己
人設
賣麻辣燙
以情景劇講優惠價格，賣麻辣燙。

「A」就是呈現形式，指借用其他帳號的呈現形式，比如對標帳號是做美妝的，最近拍的是情景劇（按：來自美國的一種輕喜劇）；你是做麻辣燙的，就可以參考該美妝帳號的情景劇形式。

「B」就是選題，你可以去看平臺上所有賣麻辣燙的帳號，看看拍什麼才熱門。比如，對標帳號每次說到價格，都會成為爆款選題，你就可以借鑑同類選題。

「自己」就是你的人設，前面的呈現形式A加上選題B、再加上你自己的人設，就是一個以情景劇形式講優惠價格的麻辣燙帳號，你的形式、選題、人設都和同行不一樣，這就是屬於你的嶄新的帳號。

④讓你少走彎路

對標帳號也可以用來參考分析，透過對標帳號的資料波動，讓自己少走彎路。

例如，先看對標帳號的呈現形式，並判斷哪種形式更容易吸引精準用戶、變現能力更強。有些對標帳號雖然粉絲量大，但變現能力差，你要注意那些變現能力強的對標帳號，做自己的帳號，就能少走彎路。

也要做市場調查，看看對標帳號的後臺資料，根據變現能力、銷量、粉絲量等資料做對比。**找出粉絲量少，但變現能力極強的帳號**，學習這類帳號的做法，你的變現能力也會變強。

此外，不要只看前端的帳號內容，還要看對標帳號的後端變現模式、商業鏈路等架構，這些也都是可以參考和複製的（按：在影片數據分析平臺上，會公開帳號的預估粉絲、作品數量等資訊，但是直播資料、進階資料的分析，一般需要付費會員才可

圖表 3-4　找對標帳號的方法

App 資料庫	・找和自己相似、近期流量快速上漲的帳號，但時間不能太久遠。 ・缺點是資料庫有時會誤判類型。
平臺演算法	・找相似的帳戶並與之互動，藉由演算法，找到更多對標帳號。
分析別人的腳本	・拆解流量高的影片腳本，再套用到自己的人設、內容。

查看）。

三、分析別人的腳本

參考單條短影音的腳本。做流量時，可以拆解對標帳號的腳本結構，這也是我在影片中常提到口號「相信爆款是重複的」，也就是要多看對標帳號和同行的內容。

如果一個帳號近期或長久以來按讚數都不太好，但有一個作品有一百萬人按讚，我們就可以分析它的開頭、中間、結尾，然後總結這段影片是如何獲取流量，拆解出一個完整的腳本結構，再套用你的內容，依然能有流量。

總而言之，找對標帳號不是為了抄襲，而是為了觸發思考。絕不能直接照搬別人的內容，讓思考停滯不前。

我們要做的是站在前人的肩膀上思考，就像小時候寫作文，老師讓你先抄再寫，有些人抄著、抄著成了大師，有些人卻成了書呆子，為什麼？因為會抄的人是抄結構，不會抄的人只是文抄公。所以找對標、用對標要用正確的方法，這樣才能做出爆款。

5 沒有標籤，就沒人想看你

很多人在設置標籤時，希望呈現完美的自己，但我並不認同這種做法。我反倒覺得，**標籤一定要不完美**。

這個世界上沒有十全十美的人，也沒有絕對正確的觀點，殘缺其實也是一種美。

當然，在設置標籤時，底線不能打破，那就是法律和基本的道德觀念，以及人們心中代表真善美的價值觀。

標籤一定要不完美

有一段時間，大家都愛看完美人設，所以各類電影、電視劇塑造的人物性格往往是單一的。比如男主人公不僅事業有成，對女朋友也非常專一，碰見小貓、小狗都非常有愛心，跟朋友出去玩永遠主動付款，是一個極度完美的人。

但是你越完美，觀眾越覺得虛假。舉例來說，有些明星之前的人設是完美的白馬王子，長得帥、有錢，還是董事長、投資人等，但是一旦出現與大眾價值觀不符的負面新聞，就會有很多觀眾開始罵他，後來他也就跌落神壇了。這是為什麼？因為這種人設沒有一絲缺點，不是一個真實的人，他很難一直維持人設，所以觀眾也就很難一直喜歡他。

所以你會發現，現在很多明星也好、網紅也罷，**越是展現真實的人設，反倒越容易吸引觀眾的眼球**。

所以，在設置標籤時，完全可以真實坦露缺點，這樣一來，用戶會覺得「我知道你的小祕密，我離你更近了，我們是好朋友」，反倒更容易喜歡你。

很多人害怕展現缺點，覺得會因此受人攻擊。其實，有些缺點是不會被人嫌棄的。當然，缺點不能和主流價值觀相互衝突，比如暴力，這是違法、有悖於價值觀的行為。你要找自己身上可以被大眾接受、無傷大雅的缺點，這樣使用者才會覺得你親和。

如何定義標籤？

很多人覺得，標籤是一個人或者一群人對自己的片面定義。所以很多人會說：「我不想被定義，不想被貼標籤。」我反而覺得，**一定要學會貼自己標籤，沒有標籤的話，就無法成為一個有流量的人**。

別人貼你標籤，代表對方對你的某個特點印象非常深刻，也代表你的這個特點有利於傳播。所以在沒有標籤時，我都會希望大家多看評論區。比如有人說你是平臺上最搞笑的老闆，這些就是你的標籤，你可以根據這些評論加強搞笑等特質，從而強化標籤。這樣，別人對你的認知，才會更深刻。

貼標籤的方法

在實踐中，有很多貼標籤的方法，我簡單介紹幾種常見的方法。

①自己主動貼標籤

沒有流量時，要學會替自己貼標籤。你有很多特點，找到自己的位置，從中選擇一到兩個標籤，在平臺上放大。

②用戶給你的標籤，你要接得住

替自己貼上標籤後，看看用戶的反應，**用戶沒有反應就換標籤**。當然，用戶也會貼你標籤，有好的、也有壞的，可以看看哪些能派上用場。

比如，我的粉絲有時會說我是知識培訓類博主裡長得好看的，我之前沒有注意到，被貼這個標籤時，我是沒有化妝的。但在粉絲回饋後，我也開始注意自己的形象。既然大家都這麼說，我就得努力坐到這個位置上。

③讓弱關係的人貼標籤

我在做內容時，是一個極度片面和極端的人。我會直接告訴學員：「你就做一個什麼樣的人，其他不用做。」這就相當於我在幫學員貼標籤。

你也可以選擇專業人士等弱關係的人，替你貼標籤，那些交情好的朋友反倒很難貼你標籤，因為他們認識立體的你。

標籤是極具片面性的東西，更容易被弱關係的人發現。

我有一個學員，他是九年級、奶爸、理髮師，他想做帳號。我建議他放棄其他特質，就全力展現「九年級奶爸帶小孩」的特點，這就是極度片面的標籤。

但事實證明，這個標籤很準確，他的流量上漲得很快。

所以，千萬不要害怕和厭惡標籤，對於做流量的人來說，被貼標籤是一件非常美妙的事。很多人都說：「我不願意活在別人給我的人設裡。」但對於做流量來說，標籤非常重要，它能讓用戶快速、深刻的記住你。如果擁有標籤，請一定好好珍惜！

Chapter

4

從場景、人設，一秒釘住用戶

1 場景決定你是誰

有些人在做流量時，往往只注重人設、話題等問題，而忽略場景。

要知道，很多使用者對某個影片或話題的第一印象，往往是根據第一眼所看到的場景。也就是說，一個好的場景，可以在短時間內牢牢抓住用戶的眼球，吸引更多流量。

接下來，我就簡單介紹一下場景的關鍵事項。

無論是哪種流量，場景都很重要

無論是對於短影音、直播，還是線下流量，場景都非常重要。這一點毋庸置疑。

以下是兩個設置場景的方法（見第一二五頁圖表4-1）。

①契合場景

首先，場景決定「你是誰」。契合的場景能大幅節省自我介紹的成本，讓用戶一眼就了解你的身分。

其次，人、貨、場要契合。你的場景必須能留住人，在影片平臺上，要麼是聽覺留人，要麼是視覺留人。其中，在視覺方面，除了你本人，最重要的就是場景。

比如，你是老師，還是知識付費類的博主，那你就應該在教室裡錄製影片，在適合教學的環境中直播。這樣一來，當別人進入你的直播間時，一眼就能知道你是誰、你在做什麼。這就是場景，它能**提高用戶對你的識別效率**。

再舉個例子，一個人坐在老闆椅上講自己的招商加盟專案；另一個人坐在破舊的窗簾前聊招商加盟——你覺得投資人更願意選擇哪一個？

答案一定是前者。因為這個場景會讓投資人認為，前者是一個身價不菲的老闆，而後者恐怕只是一個小商販。

拿我自己來說，我自己的定位是有親和力的年輕女孩，因此，我就不能像其他做短影音知識付費的同行一樣，坐在老闆椅或者豪車上拍片，這和我的人設是不契合的。

②反差場景

反差場景是指，根據你的人設，你不應該出現在這個地方，但你偏偏出現了。這樣一來，透過反差帶來的戲劇性效果，你就更容易紅。

場景，至少測試三種

有些人可以很快找到契合自己的場景，但是一般人通常需要先測試場景。我建議可以先選三個場景，然後進行測試，最後選出跟自己最契合的。

我曾為某個居家裝潢品牌的創辦人做過場景測試。她是一個非常有格調的人，所以，第一個場景是她在馬路上邊走邊說。雖然文案很好，但場景很奇怪，馬路旁邊都是樹木，公車來來往往，不符合人物形象。於是，我們開始第二個場景測試：我讓她回到自己的家，舒適的家居配上溫馨的暖光，這個場景似乎很符合女創辦人的形象。

圖表 4-1　測試場景的方法

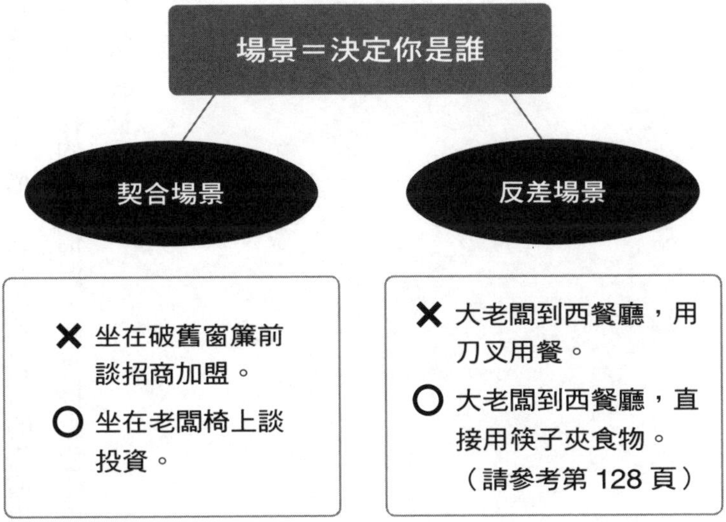
場景＝決定你是誰
契合場景
反差場景
✕ 坐在破舊窗簾前談招商加盟。
○ 坐在老闆椅上談投資。
✕ 大老闆到西餐廳，用刀叉用餐。
○ 大老闆到西餐廳，直接用筷子夾食物。
（請參考第 128 頁）

但是，由於裝潢稍欠設計感，因此仍不太符合其高級品牌設計師的身分。

最後，第三個場景，我讓她到有設計感、風格獨特的咖啡廳，這種場景才是最契合的。

人場要合一

契合的場景能幫助我們融合場景和自身的優勢，並且讓自身的優勢得到最大的發揮。

在現實生活中，場景也同樣重要。比如，同一本書，在大賣場的特賣會上的售價，和在大型書店的售價也不同。

場景和人物的搭配情況，會直接影響使用者的觀看體驗。透過人場合一，人物會產生更大的能量。

2 人格面具，就是人設

人格面具（persona）這個詞，源自於希臘文，本義是指演員在一齣劇中扮演某個特殊角色時戴的面具。

當然，它也是瑞士著名心理學家卡爾．古斯塔夫．榮格（Carl Gustav Jung）的精神分析理論之一，被榮格稱為從眾求同原型。

他在《原型與集體無意識》（*The Archetypes and The Collective Unconscious*）一書中寫道：「人格面具是個人適應世界的價值理念，或者用以對付世界的方式。」

我們在做流量時，其實也可以**給自己制定一副人格面具，也就是確立人設**。

接下來，我要跟大家分享一些確立人設的技巧。

接地氣與正能量

如果你是一個頗有成就的人，那你在做人設時就需要接地氣。比如，你是一個身價上億的老闆，天天開著豪車出現在高級場所，那麼，你在坐車時應該做什麼？應該接地氣。

開著豪車的老闆，到高級西餐廳後不會用刀叉，直接用筷子夾食物吃——看到這裡，用戶就會覺得你很接地氣。在現實生活中不常接觸到的人，在影片裡的形象卻離用戶很近，這樣就會形成反差。

如果你覺得自己是平凡的人，就要多多輸出正能量的內容。比如，你靠送外賣賺錢，發現有顧客同時點了兩份外賣，你送一趟就能多賺幾元，所以你特別開心，發短影音跟大家分享幸運和喜悅。使用者看到這種影片，往往會被這種正能量所感動。人們看到奔波勞累的人還在努力、積極的生活，會很容易被激起鬥志，平臺也更喜歡傳播這種正能量的內容。

從特點放大人設

建立人設時要放大自身特點，而不是塑造另一個「我」，這樣才能長遠發展。記住，我們不是演員，無法扮演和自己的性格完全不符的人物。但同時，每個人身上都會有一種或幾種鮮明的性格特點，比如調皮、活潑、憂鬱、爽朗，這些就是我們的特質。我們可以選出最符合自己的特點，再適度的放大。

放大這個特點後，就在所有的影片中反覆強化這個點，讓用戶覺得你就是這樣的人。這樣，你就不會那麼難受，因為你不必扮演別人，而且，這種人設是可持續的。

做人設要多維

在做人設時，既要讓用戶看到你的優點，也要向用戶展示你的缺點，還要讓使用者知道你的故事，這樣才能塑造出多維人設。

網路是有記憶的。那麼，用戶記住的都是什麼？是故事，有故事的人，才會被

大家記住——無論這個故事是好是壞。

在做流量時，一定要學會講故事——講你自己的故事、你和父母的故事、你和伴侶的故事、你和孩子的故事、你和手足的故事……講的故事越多，就越能進入用戶心智；觀眾看見了多方面的你，你的IP的生命力自然會更強。

人設是動態的

我認為，人設有變化是非常好的。因為在你的成長過程中，你的用戶也在成長。**如果你的人設一直單一不變，那麼用戶是會拋棄你的**，因為他們已經成長，而你還在原地踏步。而且，如果你一直用單一人設吸引粉絲，時間一久，用戶也會覺得你很虛假、不夠真實。

還有，即使人設有變動，也不需要因此焦慮或有壓力。有些人設的方式太傳統，包括現在一些偶像明星，一直以單身形象示人，不能結婚、談戀愛、生孩子。然而，這種人設很容易被用戶拋棄，因為他們的用戶已經成長，但他們卻還保持在最初的人設；更可怕的是，很多新用戶也已經不吃這一套。很多人之所以會過氣，就是因為自己的人設沒有任何變化。

所謂ＩＰ的力量，就是用ＩＰ吸引來認同你的人。所以，你的ＩＰ一定要有態度，並能積極的表現出來。

你對待生活的態度、你對待成長的態度，都能吸引認同你的人，你只需要不斷輸出你的生活態度和觀點，讓外界聽到，流量就會源源不斷的湧來。

3 優化場景，先抓眼球

一個好的短影音，一定要符合使用者需求、抓住用戶關注點。用戶關注他們真正渴望得到的東西，提供這樣的內容，往往可以激發使用者的興趣，引導他們看完影片。

場景創新

很多短影音創作者都知道要優化和創新內容、聲音、視覺，但很少有人意識到場景創新的重要性。所以，想要獲取更大的流量，不妨從場景創新來突破。

隨著科技的發展，一些短影音帳號也做出了場景創新。最典型的就是**虛擬場景**，如助眠帳號發布的影片中，場景就是一個下著雨的夜晚，其中有輕聲的鳥叫和蟬鳴，整部影片都是虛擬場景，而這個場景和聲音都有助於睡眠。

有些虛擬場景會運用科技創新直接分離真人形象、放在綠幕（按：在使用編輯軟體時與其他影像作區隔、分層，多運用於特效後製）上，藉此創造出現實生活中難以呈現的劇情和場景。

比如，有些人說自己生活在月球上，見到嫦娥和雷神，並以虛擬場景來拍片。在這個設定下，他可以想出各種劇情，比如，今天跟嫦娥吃飯、後天跟雷神打牌、明年過年要回地球等。這些不受正常生活約束、有創意的劇情，都很適合虛擬場景。這種有娛樂性、有創新的場景，也更能吸引用戶。

接下來，我們要介紹兩種版本的場景。

● 普通版

做一個普通版的場景很簡單，但首先要保證你的畫面是讓人舒服的，整潔和乾淨是基礎。如果在場景中出現髒亂的畫面，就可能引起使用者的不適，你的影片會立刻被用戶劃走（按：指略過不看）。

其次是**你的人要契合你的場景**。如果你是一個知識類主播，卻天天在酒吧講知識，會讓用戶覺得莫名其妙。

人和場景之所以需要契合，是因為觀眾不認識你，而且**他們的耐心通常只有一分鐘**，所以你要在這一分鐘內盡可能的介紹自己。

● **高階版**

在普通版的場景之上，還有高階版的場景，主要分成兩方面。

第一是畫質。高清的畫質可以來自高畫質相機，也可以來自燈光。如果你不打算買高價位的相機，那麼，你可以先去學打光，好的燈光能讓你的畫質更清楚，即便只用手機，也能拍出有質感的畫面。

第二是風格。想要優化畫面的整體風格，就要讓場景元素、參與者服裝和場景構造都做到賞心悅目，因為用戶對美的追求是永無止境的。

4 如何一秒釘住用戶？

我經常說：「你要做短影音流量，就要一秒釘住用戶，即留住用戶。」可是，一秒的時間，連一句完整的話都說不完，又該怎麼釘住用戶？

最好的方法，就是利用畫面。

比如，當你刷到美妝的影片，看到一個帥哥或美女和非常乾淨整潔的畫面時，你會捨不得劃走，會想跟對方互動，這就叫一秒釘住用戶。

大多數情況下，想要一秒釘住使用者，需要注意以下三點。

①新奇特

「新奇特」的核心，就是換一個用戶沒見過的場景，尤其是一些既在情理之中、又在意料之外，但符合你人設的場景。比如，講草原美食（按：指草原上的飲食文化，如牛羊肉是蒙古人的主食）的短影音，可以直接在草原上拍，既符合人設，又和其他美食帳號有所區別。

反之，如果你在一家飯店講草原美食，就沒有競爭力了。

下面，我們來具體拆解一下新奇特。

第一，新。新是最簡單的一步，用戶沒見過的，就是新的場景。

第二，奇。奇就是讓用戶感覺異常的點。比如，你在前面講內容，你媽媽在後面煮菜，爸爸在另一邊和鳥吵架。

這種畫面能引發使用者的好奇心，讓他們被這些內容既矛盾又豐富的場景所吸引。如果你能用這種奇特、甚至讓用戶感覺有些怪異的場景勾起用戶的興致，讓他們打從心底疑惑，那就做到「奇」了。

第三，特。要做和別人不一樣的場景，但是也要注意場景要符合自己的個性特點，如果和你完全無關，用戶的體驗也會不好。

比如，很多教繪畫的人都會在影片開頭潑顏料，然後開始作畫。假設你是教繪畫的，你在拍短影音時，就可以把畫作當背景，把整個色調都調得像一幅油畫一樣，然

圖表 4-2　新奇特，一秒抓眼球

畫面	新	‧用戶沒見過的地方，就是新的場景。
	奇	‧讓用戶感到異常的場景。 ‧例如：你在前面講內容，媽媽在後面煮菜，爸爸在另一邊和鳥吵架。
	特	‧和別人不一樣的場景，但要符合自己的特點。 ‧呈現質感、風格，吸引高淨值用戶。

後再將顏料塗在自己臉上，把頭髮弄成跟藝術家一樣亂。這樣一來，整個場景也會像一件藝術品。這就是你的特別之處。

②質感

場景和畫面的質感關鍵，在於我們前面提到的高畫質相機和燈光，很多人都有能力做好這兩點，但就是不重視，這也是他們的影片畫質堪憂的主要原因。

③有風格，吸引高淨值用戶

風格是有些虛無縹緲的東西，但

是又非常重要。場景有風格是一本萬利，它可以幫你吸引更多高淨值用戶。

風格是指你在影片中營造出來的整體，語言、動作、場景、內容等都會影響著影片風格，並放大你的個人風格。你的風格特點又能吸引與你的價值觀一致的人。

5 直播變現：正確的事情，重複做

直播行業的一大特點，是離變現更近。很多人正是看重這一點，才頭也不回的走進直播大軍中。

可是，事實證明，並不是所有人都適合做直播，很多人在直播行業打滾好多年，最終也沒能大紅大紫。實際上，**直播這個工作更適合表達能力強、能吃苦、有銷售經驗的人**。

直播行業的迅速發展，源自廣大用戶的需求。因此，做直播時必須牢牢把握一點：你提供的產品必須能直擊用戶利益點，讓用戶感到你給的，正是他所需要的。

要做到這一點，以下幾個方面不可忽視。

在直播中，人、貨、場都非常重要，但是很多人都忽略占三分之一比重的場景，只重視人和貨，這其實是不對的，**直播的場景比短影音的場景更重要**，必須注意以下細節。

直播的細節

第一、視覺：視覺效果能讓使用者快速知道你是誰，你在做什麼、你賣什麼產品。你可以利用舒適、高級、有個性的視覺效果，提升自我價值。

第二、聽覺：你在說什麼、聲音是否好聽、語調是否讓人覺得舒服，這些都會影響使用者停留的意願。

第三、數據：我們在前面已提到數據資料的重要性，這裡就不再贅述。

除了上面提到的這三個細節，進入直播間的用戶，也分為粉絲用戶和非粉絲用戶，**而一個好的直播場景能幫你留住非粉絲用戶**。

關注你的粉絲會知道你是做什麼、賣什麼的，但是隨意刷到你的直播間的非粉絲用戶完全不了解你，如果只看到你自己坐在那裡，不知道你在做什麼，用戶自然會走掉。如果想留住人，就只能靠場景。所以，你必須用圖卡、直播貼片（按：指直播間福利、主題、商品曝光等模板）等，告訴用戶你能為他們帶來什麼樣的價值。

直播注意事項

①直播不只是工作，要做真實的自己

「我要開始直播了，三、二、一，開始……！」像這樣在心裡默念，然後立刻換上職業笑容上播，是沒法做好直播的。你要在直播間做真實的你，這麼做數據反倒會非常好。如果讓用戶對你產生距離感，那麼你的數據往往會很差。

很多人在影片開始前還在嬉笑打鬧，一喊「開播」就變成另一個自己，馬上進入狀態。這些小細節，觀眾也都能體會到，這只會讓觀眾跟你產生距離感，一旦他們覺得難受，就會退出直播間。

你是什麼樣的性格，在直播間裡就表現出什麼樣的性格，**把直播間當成會客室，把直播當成和粉絲聊天，這是最好的、最能留住人的狀態。**

②先給好處

做直播不看數據是很難成功的，一場直播的互動率、按讚次數、加粉絲團人數、關注量等資料，都要利用平臺演算法分析，在直播中也要主動引導用戶跟你互動。

講完內容，要問用戶是否有聽懂，引導用戶打出「懂了」、「沒懂」之類的詞，讓用戶一直跟你互動。例如，你可以在直播間適時的說出：

- 「請大家關注、訂閱我。」
- 「大家記得加我粉絲團。」
- 「大家幫我按讚。」

互動數據提升，流量自然也就上漲了。

要使用者關注的核心是，你要讓用戶知道他之後有什麼樣的好處。比如，你可以這樣說：

- 「大家幫我按讚，我接下來要跟大家分享方法，按讚超過兩萬我還會繼續分享新知識。」
- 「我現在有一份市值一百九十九元的資料，只要點我大頭照進粉絲群，就能免費領取。」

如果你不說好處，只是命令別人加粉絲，是很難看到效果的。

③正確的事情，重複做

直播間不像短影音，來看直播的用戶最多給你兩分鐘，如果你的直播不能在短時間內吸引他，他就會直接退出直播間。所以一定要記下用戶的正向回饋。

比如，有評論說：「講得真棒！」你就記下這一刻講了什麼，然後每一天重複說。不用擔心別人會聽膩，每個人給你的時間就是兩分鐘到十分鐘，如果覺得無趣，他們一般聽兩分鐘就會離開。所以，你可以多多重複用戶所給的回饋。

還有，記錄離變現更近的事。比如，你講完一個知識點，接著說：「那我們三、二、一，上連結！」如果這個時間點的銷量很好，就把這個知識點記下來，不斷的重複，這會讓你的成交密度（按：原指股票在成交連續性上的緊密程度）變大。這就是正確的事情重複做。

6 利用社群引流

大家都很熟悉社群這個詞，很多人都用它來引流，或者透過它變現。實際上，現在很多社群更像是直播的延伸，你完全可以把社群當作裂變[1]的工具，或者與粉絲互動的場景。

在做社群時，你要考慮：把所有人拉到社群的目的是什麼？

答案是**占用用戶更多時間，讓用戶跟自己產生連結**。

一個好的社群，每當用戶點開它時，都能看到有價值的內容或幫助，或者是交流、連結的機會。我雖然占用你的時間，但你與我產生連結，我們擁有了新的故事。在互動中，這種關係變得更加緊密，人與人之間有更多認可，這就是社群的意義。

1 裂變行銷，是指透過客戶的社交圈影響力，讓老顧客帶來新顧客。

我的課程都有社群，因為有些用戶買課程後可能沒時間聽，但即便不聽課，他們也能在社群學到有價值的內容，以及和其他人產生連結與互動。這樣的形式能與用戶建立更好的關係，而這種收穫感也會讓用戶更加認同你。

接下來，我們來介紹社群的類型和組建的意義。

社群的類型

根據主要活動內容的不同，社群大致上分成三種類型（見第一四八頁圖表4-3）。

一、賣圈子的社群

賣圈子（按：指發送訊息到朋友的朋友圈，以拓展交友範圍）的社群本身就是一個圈子，一般都是有門檻的。因為這類社群很有價值，都是相似的人聚在一起，他們都有共同的價值觀，所以這種社群必須設置門檻，大家才願意加入。

比如，必須有五十萬粉絲，或是必須交五萬元，又或者帳號影片的播放次數必須過億等，你才有資格進入這個圈子。有門檻，才顯得社群有價值、有意義，才做得起來。如果沒有門檻、誰都能來，真正有實力的人也就不願意加入了。所以，必須牢記：**有門檻的社群，才叫圈子**。

二、交付型社群

所謂交付型社群，就是**社群要提供用戶價值**。

比如，我有自己的課程社群，社群裡有助教老師、學員，上完課程後，學員可以在社群發問，並透過我、助教老師或其他學員，解決他們所遇到的問題。而且，社群每個月都會推出持續促活（按：指把新用戶留下來）的產品，比如，我每個月都會邀請一位權威人士來社群分享。如果沒有每個月一次的活動，這個社群就會變成只有閒聊的無用社群。

三、行銷型社群

這種類型的社群，大都**以銷售為目標**。

圖表 4-3　社群的類型

賣圈子的社群	‧通常必須設置門檻，用戶才願意加入。
交付型社群	‧社群須提供用戶價值。 ‧需要善用促活的產品，例如賣課程就邀請權威人士分享。
行銷型社群	‧大都以銷售為目標，要按銷售意願來區分，避免貪小便宜的用戶給負評等。

構建這類社群時，要按銷售意願區分，因為願意在某件產品上投不同成本的人，對產品的要求是不一樣的。

我還發現，**花一九．九元買課的人，往往比花兩千元買課的人要求多**。因為他們進群（按：進入社群的簡稱）的目的，就是得到自己想要的東西，這些東西要物美價廉，甚至物超所值才行。

有一次，我開了一個一九．九元的引流群，賣一個一千九百八十元的課程。我先講了一小時的方法，才開始銷售一千九百八十元的課程，但是很快就有人說他有這門課的影片，價格只要兩位數。當時，我真是氣壞了，我講了一小時，等於間接幫他引流了。

而花兩千元買課的用戶，一般都不會有退費、負評、搗亂等行為，因為他們都是抱著認真學習的態度來的，所以學習氛圍大致上都很好，大家在社群會互相幫助、分享，一起解決問題，對老師也很認可。

社群：讓流量產生更大價值的平臺

社群不是供應流量，而是獲取流量的管道，是讓流量產生更大價值的平臺。社群能讓用戶跟你產生更多連結，從而更加信任你，有利於用戶的二次轉化（按：指轉換率〔Conversion Rate〕，一般定義為單次廣告點擊的平均轉換數）和促進用戶回購。

對於用戶來說，他們參加社群，一般是出於兩種心理。

一種就是前面提到的想加入圈子，比如參加私董會（按：新興的企業家學習、交流與社交模式），是為了尋找更多資源。

還有一種就是為了安全感和歸屬感。有些使用者會擔心產品後續出問題，或聽不懂課程，而與有共同擔憂和目標的人加入相同的社群，能給他帶來安全感和歸屬感。

總之，社群是很重要的流量基地。能玩轉社群的人，很多都能做好流量，理解用戶心理。

7 經營朋友圈，要先「種草」

談到流量，朋友圈是無可避免的話題。

很多人實際上已經在朋友圈做引流。只不過，很多人不知道怎麼經營，所以沒能做好引流。

想要利用朋友圈引流，首先要讓自己的朋友圈擬人化，也就是你發布的內容要像一個活生生的人，而不是冷冰冰的客服機器人。**只發廣告是沒有用的，生活中有趣或失意的故事都發到朋友圈裡，這樣才能更靠近用戶。**

那麼，怎麼經營朋友圈，效果會更好？

以下我們來談談具體做法。

五〇%鋪人設

很多微商[2]都是從營運私域轉過來的（按：即私域流量〔Private Traffic〕，指透過可免費、不限次數接觸用戶的管道，所累積的客源，包含自媒體、LINE群組、私人社團等），他們並不知道朋友圈最大的作用就是建立人設。

有些微商只會在朋友圈瘋狂發廣告，這樣做很難有流量。因為在用戶看來，他們就是客服機器人，只會打廣告。缺少真實價值的東西，用戶是不太想看的。如果微商為自己建立人設，讓別人知道他們是實實在在的人，那麼他們發的廣告會得到更多人的回應。

一個機器人客服跟我說話，我可以不理，但如果是一個活生生的人，我不回覆就會不好意思。所以，做流量的人要把自己的人設做起來，這對增進與用戶的交流大有好處。

具體來說，做人設有以下兩個簡單的方法。

①在朋友圈寫小作文

如果你遇到一些挫折，可以把這些事發到朋友圈。不要覺得坦露自己的脆弱，用戶就會覺得你不夠正能量，會不再喜歡你，其實暴露缺點反倒更能取得使用者的信任，因為有優點和缺點，才是真實、立體的人設。

你可以在朋友圈寫小作文，也就是寫出自己的故事，比如，家人生病、今天很疲憊、不想再做博主等。你可以發表最近的人生感悟、生活經歷、困難與挫折。**用戶不會因為你的失敗而拋棄你，反而會更加信任你**，他們會因為你敢公布失敗，而覺得你是個真實的人。這樣就能拉近你和用戶的距離。

②顯示自己是有品味的人

想要建立人設，就要在朋友圈讓大家知道你是誰。我有一個朋友，銷售能力很

---

2 源自於中國的電子商務模式，透過在微信（WeChat）朋友圈分享、銷售產品，進而獲利的商業型態。

強，他能單純透過朋友圈人設，幫你提升三〇％到五〇％的業績。

大部分不會做私域的微商都會直接在朋友圈發產品資訊或打廣告，但是我這個朋友會幫你在朋友圈樹立有品味的人設。透過生活各方面，當你展現出自己是個有品味的人，很多用戶在接受你的人設後，就會覺得你值得信賴。

這就是從心理上影響對方，讓對方願意主動跟你產生連結。

二〇％推廣產品

二〇％產品，其實很好理解，指的是你在朋友圈做的行銷廣告。朋友圈是可以打廣告的，大家也都能理解這些行銷推廣。

只不過，打廣告一定要斟酌用語，別說「今天促銷，大家來搶吧」之類的生硬廣告語，**朋友圈更需要一些軟性宣傳**。

使用者到你的朋友圈不是來看產品介紹，而是來認識你這個人。所以，要用通俗易懂的話術介紹產品，促進使用者購買。

除了人設和廣告，剩下的三〇％就是軟性宣傳，也就是替用戶「種草」。

三〇％種草：軟性宣傳

種草，是指在公域輸出價值，讓用戶先產生興趣，再引導用戶跟你一起學習，或購買產品。但是很多人經營朋友圈時，往往是在拔草，即直接讓用戶知道跟你學習或購買產品後能獲得什麼；這些人添加用戶為好友後，通常就不再繼續輸出吸引使用者的內容和價值。

比如，一位心理學老師，他從來不提朋友圈經常出現的一些問題，像是「男朋友／女朋友為什麼不開心」、「怎樣緩解自己的焦慮」等，只是賣他的課程產品。

也就是說，他沒有種草，就直接拔草。只說這個產品能解決什麼問題就叫只拔草、不種草。這種做法其實是錯的，因為很多人加你朋友只是想初步了解而已，不是來買產品。看到你的這種表現，這部分人可能就會不追蹤你了。可見，在朋友圈種草非常重要。

圖表 4-4　朋友圈引流的方法

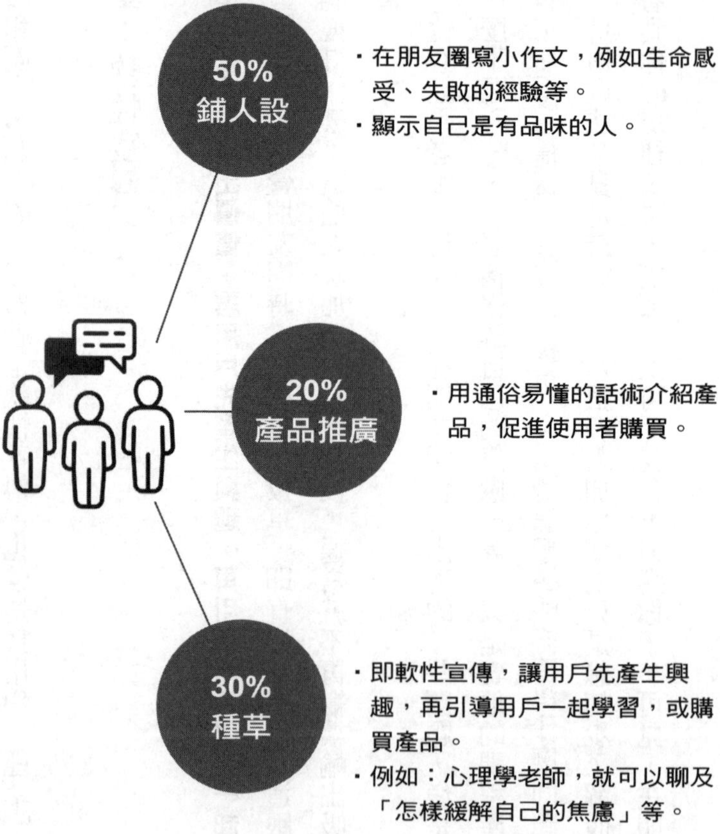
50%
鋪人設
・在朋友圈寫小作文，例如生命感受、失敗的經驗等。
・顯示自己是有品味的人。
20%
產品推廣
・用通俗易懂的話術介紹產品，促進使用者購買。
30%
種草
・即軟性宣傳，讓用戶先產生興趣，再引導用戶一起學習，或購買產品。
・例如：心理學老師，就可以聊及「怎樣緩解自己的焦慮」等。

想透過朋友圈引流，就要像在公域一樣不斷輸出內容，提供價值，這樣才能提高用戶轉化率。

總之，朋友圈需要經營，一定要把朋友圈流量當作公域流量營運，千萬不要過於懈怠。

8 用IP結合線下與線上

在今天乃至未來，無論線上引流有多麼便捷與高效，線下引流都有著不可替代的作用。如果能結合線下與線上，流量將加倍增長。

傳統的線下引流是靠分銷[3]和裂變。以培訓為例，傳統的線下引流的方式是一帶一，學員A參加課程，如果他能再帶一位學員過來，那麼A參加課程就可以免費或打折，從而實現裂變。分銷則是指和一些企業或者個體合作，委託他們賣課程，待課程售出後，再按比例分配利潤，是比較傳統的模式。

如今，這種模式當然沒有線上獲取的流量多和快。

我認為，無論是傳統的分銷，還是裂變，最大的問題都是沒有IP。其實，一個鮮明的個人IP，足以為分銷這種傳統模式帶來新氣象。在過去，分銷由門店或機構完成，只是一個冷冰冰的過程。有了IP後，分銷便會附帶更多情感屬性。

線上、線下引流的不同特點

線下引流的分銷是靠利益驅動，這是需要公司營運的事，個人是很難完成的。而線上引流的模式是靠ＩＰ的品牌效應，特點是個人就可以完成，更加個性化。你不需要請講師，也不需要有銷售人員，一個人既能做講師，也能做銷售員。

要特別注意的是，曾有傳統的微商模式把線下的利益模式搬到線上，但現在先進的線上模式是打造ＩＰ，著重人格和感性，這種模式能提供更多情感價值，使得線上引流更容易獲利。因為ＩＰ是品牌，品牌方具有定價權，所以他們更能賣出高客單價，而且這種形式的團隊運營成本更低。一般情況下，一到三人就能完成行銷工作，有些甚至一到兩人工作，就能做出一個傳統團隊的業績，達到企業級的盈利水準。

3 指產品從製造商到消費者的傳遞過程中一系列的活動。

線上、線下相融合

線上、線下相融合，才能發揮疊加效果，這需要你擴大裂變範圍、找到更多的用戶。但問題是，現在很多做ＩＰ的人不懂得怎麼做線下引流，做線下的人又不知道怎麼做線上引流。如果有一個人既能做線上，又能做線下並融合兩者，在線上做公域流量，在線下做裂變和分銷（見左頁圖表4-5），那麼他一定能獲得更大的流量。

那如何才能發揮疊加效果，做到兩者相融？

我的建議是，**將賺錢的部分和你個人ＩＰ的情感價值結合在一起**，既能賺錢又有情感價值，引流的效果就會更好。

傳統的線下引流沒有ＩＰ參與，純靠分銷帶動，你需要給別人極大的利益，才能讓產品賣得好，這就是利益驅動。如果你已經有個人ＩＰ，這時讓線下的分銷管道銷售，這個產品就會因為你的人格魅力而賣得更好，這就是線上和線下融合起來的效果。

在過程中，可以先從線上引流起步，然後線下引流，讓第一批用戶分銷、裂變，

圖表 4-5　線上結合線下

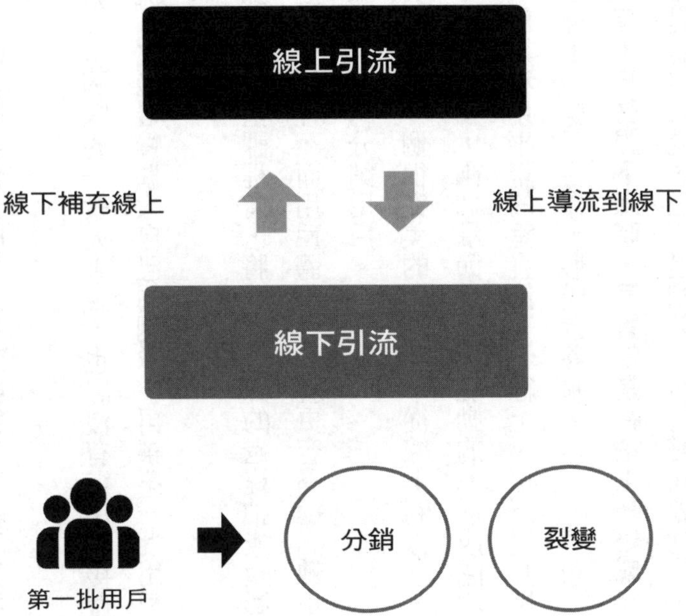

傳統線下純靠分銷帶動，需要分享極大的利益，
若有個人 IP，產品或服務就會賣更好。

拉抬勢能。這就是我們說的**線上導流到線下，線下又反過來補充線上**，是一種很好的模式。

對於沒有團隊的一般人來說，也許沒有辦法直接做線下。這時，可以先用ＩＰ做線上引流，之後慢慢擴大自己的團隊，再讓第一批用戶做分銷、裂變。這樣，線下就漸漸做起來了。

比如，做線上課程時，將線下授課的過程拍成短影音並發布。線上的用戶可以線下參加並體驗課程，而用戶體驗過，就更容易提高轉化率。轉化完成後，他們也就有可能成為你線上的分銷用戶。

這其實就是一個很完美的閉環——從線上到線下，從線下又回歸線上。線上和線下都是ＩＰ的主場，兩個環節是雙向驅動的。形成閉環的首要條件，就是ＩＰ的勢能高，其次就是利用平臺的垂直漏斗，線上、線下提升用戶的體驗感，這樣也更容易和專業人士線上、線下合作，形成合夥制。

讓一個IP往線下走時，其實就是在把IP變成一個事業。所以，線上和線下兩種模式不是各自獨立，也不是割裂，而是雙向驅動的。

Chapter

5

問題、選題、標題，衝流量缺一不可

1 用好問題，讓人一搜尋就找到你

問題是一切的起點，好問題比答案更重要。我們常說要有問題思維，因為找到問題，代表離解決也不遠了。

世界的發展是靠問題驅動，能夠挖掘問題，才有商業機會。有了源源不斷的追問，才能驅動社會持續的進步。

當然，提問可能會帶來新的疑惑，透過提問，我們也許不是得到一個答案，而是另一個問題。

所以，一定要知道**找誰提問**，畢竟能給答案的人太多了，選擇正確的提問物件至關重要。

今天的短影音、直播行業中，往往只有提出一個好問題，才能引發大眾的興趣。從用戶的角度來看，九九％的問題都有已知的答案，但問題的答案往往並不唯一，如果不會提問，不知道向誰提問，就很難找到答案。

舉個例子，我常常將口播（按：指透過口頭傳播訊息）影片分為「採訪流」和「腳本流」。其中拍採訪影片，最重要的就是提出問題，面對一個有故事、有話題的採訪物件，你的提問方式將決定對方能否說出有價值的內容。

在我看來，判斷一個IP持有者在平臺上能否大紅，有兩個參考因素：一是這個IP持有者的發言是否有價值、對其行業的思考是否足夠深入；二是提問人的素質是否達標，這也是很多人容易忽略的一點。提問人會不會提問？提出的問題到底有沒有深度？能否提出大家關注的好問題？

從這之中，我們可以判斷一個人是否具有問題思維、能否透過關鍵性問題找到最終的答案。

提問題本身就是一個技術活（按：指需要技巧才能完成某些事），要想確定你提的問題是否正好是大眾想問的，就需要擁有問題思維；要想聽到有故事的回答，就應該一邊提問，一邊引導，帶著大眾一步步追問。所以，定義問題的能力，是當今時代很重要的能力。

從目標使用者發想問題

分析使用者心理，提出讓目標使用者感興趣，或者與他們自身相關的問題。用戶也想問的問題，才是好問題。提問前，一定要了解用戶心理。很多人提問時，只從專業角度出發，這其實是錯誤的認知。對於缺乏大眾視角的提問，不管你給的答案再好、再對，也很難被大眾接受。

生活中確實有很多人不會提問，或是精準表述自己的問題，導致別人根本無法回答；或是提出的問題過於專業，導致回答內容讓大眾覺得沒意思，難以獲取流量。

好的提問，都來自「追問」

除了提出好的、有深度的問題，你還必須知道如何追問。向一個思想有深度的人提問時，他也許有一百種觀點，但如果你不會問，就挖掘不出這一百種觀點。所以你要思考，怎麼找到想找到的答案，或者怎麼問別人。

在採訪的過程中，我們會用到一個叫做「心流」（Flow）的方法。心流，是積極心理學家米哈里・契克森米哈伊（Mihaly Csikszentmihalyi）提出的一種心理學概念，本質上是形容人專注做事、投入忘我的狀態。

我們常說，只有採訪時進入心流狀態，才能讓對方說出大眾所需的內容。要想進入心流狀態，就需要向被提問的人提供情緒價值，與他真正的深入交流。

用問題當影片開頭

我們常說的打造ＩＰ、做影片、做流量，其實目的就是吸引大眾的注意力。問題之所以會引人關注、能帶來流量，是因為它們能引發觀眾的好奇心。**直接輸出觀點本身很難獲取流量**，但當我們在影片開頭，用問題勾起觀眾的好奇心時，無論內容或觀點觀眾是否感興趣，他們也會比較想繼續看下去。短影音領域的佼佼者大都是會提出問題、製造話題的人。

要想做短影音、做直播獲得流量，一定要有好奇心和探索思維，或是提出一個大眾一直在思考的問題，直擊用戶痛點；或是提出一個大多數人都沒關注過的問題。

影片網站上有很多很會提問的知識科普類博主，他們會做一些選題，專門研究未被大眾關注的問題，基本提出問題就能紅。這就是探索欲極強的人，他們往往遇到什麼問題都能解決。

在現實生活中，沒有提問習慣的人，通常也沒什麼好奇心。他們總是習慣性的被動學習與吸收，總是只記答案，有時甚至忘了問題是什麼。他們更願意在現實生活中找到一條有跡可循的路，但是那些能獲得流量的人，往往懂得探索更好的方法。

好觀點很多，但好問題很少。好問題往往也是流量密碼，口播影片和劇情帳號（按：指針對一個主題，做劇情的演繹）都會盡力提出好問題，其中知識類博主尤其如此。有時候，大家就是因為一個問題，才關注一個帳號。

換句話說，**問題和搜尋量有直接關係**，**大眾經常是帶著問題，而不是答案去搜尋**，**很多搜尋流量就是基於問題而來的**。所以，你如果能提出一個好問題，在網路上就有更大的機會被別人搜尋到。

2 追問三個為什麼、怎麼辦

面對好故事、好素材，如何提煉出好問題尤為重要。一個好問題，最起碼要能挑動用戶興趣，其中有以下四個關鍵要素。

換位思考，與用戶相關

如果你想賣出某個產品，站在賣家的角度講產品性能，就是與我有關、與賣家有關。反之，如果站在用戶的角度，談產品如何滿足使用者的需求，就是與他有關、與用戶有關。

提問亦是如此，你需要切換到使用者的視角。面對採訪對象，你應該率先找到關注他的群體，收集並分析目標使用者喜歡的內容。要與他有關，而不是與你有關，提問要站在用戶的立場，提問的視角決定了內容的視角。

比如，你的提問物件有一百個觀點，但他可能不知道自己想講什麼，而這之中只有五十個是用戶想聽的，所以你不應該問他想講什麼，而是關注粉絲、目標用戶想要聽什麼。

要從你的目標群體出發，從使用者的角度切入視角。做短影音時，我們總說「定位要垂直，但內容是漏斗」，你需要思考**在內容需求方面，處於不同層級的用戶，以及潛在用戶想要什麼，而不是你想要講什麼**。一個好問題永遠來自用戶，所以我們一定要換位思考，讓問題與用戶相關。

用笨問題，留住觀眾

如今，要打動精準用戶並獲得流量，提問需要具備功能性；但**如果你想要擊中潛在用戶，就得提出具有趣味性的問題**，拉寬你的「漏斗」。

無論你的內容多麼優質，要想提高輸出效能，你首先要做的就是留住觀眾。大眾普遍喜歡看有意思的內容，而娛樂八卦就有這個特點，雖然它不太會影響生活，但大眾會密切關注並討論它。

很多專業人士，越是專業，越容易陷入迷思，總覺得注重娛樂屬性的問題沒有意義。比如近年娛樂圈漏稅事件頻出，其中一個提問是：十三億元到底是什麼概念？問題上了社交媒體平臺微博熱搜榜後，不同的人給出了不同的答案：有的人說上次見到這個數字還是十年前，有的人說想賺這麼多錢，也許從石器時代就得開始打工。另一個熱點問題是，一三．四一億元可以疊多高？據說一百元的鈔票疊起來大約有一千三百四十一公尺、四百五十層樓高，也是將近三個東方明珠廣播電視塔[1]的高度。這些問題和答案都具有極大的娛樂屬性。

好的問題必須有娛樂屬性。針對想要打造個人ＩＰ的人提問時，我們經常容易忽略專業領域裡不專業的問題，但那些**具有娛樂屬性的不專業的問題，恰恰能吸引到用戶**。

1　位於中國上海市。

比如，眾多男明星中，誰家的裝潢設計最有品味？這也是具有娛樂屬性的問題，但我們可以用這個問題吸引觀眾，再更有效的輸出關於家裝設計，以及設計師的方法。

提問，要反常規

顛覆人們以往的常規認知，往往具有爭議性。反常規認知的提問，就是製造與已有認知的衝突。比如，短影音中有很多這樣的問題：

- 「為什麼說男生千萬不要學文史哲？」
- 「為什麼越漂亮的女孩，越嫁不出去？」
- 「為什麼月入百萬的女孩最難嫁出去？」

這些問題就是反常規認知，也是容易讓用戶質疑的問題。因為這些問題和大眾的認知完全不一樣，兩者有所衝突。很多人覺得漂亮的女孩不愁嫁，月入百萬的女孩更是大眾女神，為什麼最難嫁出去？於是，大家就想聽下去。

大眾喜歡關注反常規認知的觀點，從心理學的角度來看，是因為**反常規認知的觀點與已有認知發生碰撞，人們更願意捍衛自己認同的觀點，反對可能否定自己的觀點**。當感覺到被冒犯時，人們可能會有逆反心理[2]（Reverse mind）。

比如，聽到「為什麼越漂亮的女孩，越嫁不出去？」時，觀眾可能會想：「說什麼？怎麼可能？我看你到底要怎麼詭辯。」觀眾可能一開始就不服氣，抱著這種心態往下看，結果看到影片內容邏輯一致，甚至覺得有些道理，最後按個讚。

這裡有兩種情緒，**一種是「我認同你的觀點，想看看你怎麼替我說話」，另一種是挑刺心理，想看看「你在胡說什麼」**。但無論如何，我們首先要吸引觀眾的注意力。

2 指為了維護自尊，人們對別人的要求，採取相反的態度和言行的一種心理狀態。

有價值，能抓住痛點

好的問題是能夠挖掘價值的。問題有價值，答案才更有價值。價值本身對應的就是用戶的痛點，要能解決用戶問題。

那麼，我們該如何用現有材料挖掘吸引眼球的問題？

一、找到人物關鍵時刻的關鍵抉擇

閱讀一部小說或看一部電視劇，怎樣濃縮梗概？一定要講出最關鍵的衝突點、最精彩的濃縮精華。人生也有很多矛盾與衝突，一個人的經歷，必然伴隨著很多關鍵性的故事，比如，在關鍵時刻，這個人怎麼抉擇？選擇了什麼？

講述一個好的故事，關鍵在於提煉好的問題。成長上的飛躍、事業上的轉型、認知上的覺醒，就是一個人在關鍵時刻的關鍵抉擇。

我的人生關鍵時刻，也包含很多的問題：為什麼來北京？怎麼決定做抖音主播？怎麼突然之間紅起來？怎麼東山再起？怎麼賺到第一個一百萬元？這都是關鍵時刻的

圖表 5-1　提煉好問題的四個關鍵

換位思考，與用戶相關	不同層級的用戶、潛在用戶想要什麼，而不是你想要說什麼。
用笨問題，留住觀眾	提出具有趣味性的問題，拉寬漏斗。例如：13 億元是什麼概念、眾多男明星中，誰家的裝潢設計最有品味？
提問，要反常規	大眾喜歡關注反常規認知的觀點。例如：為什麼越漂亮的女孩，越嫁不出去？
有價值，能抓住痛點	找出一部小說或電影，練習濃縮其梗概。

關鍵抉擇。

尋找關鍵抉擇時，必須針對被提問者的人生挖掘他的信念，不管是在工作、感情、培養興趣愛好，還是其他任何方面，你一定要從關鍵行動切入，找到關鍵時刻的關鍵抉擇。

二、從知識層面，挖掘吸引眼球的問題素材

提問時，可以從知識層面切入。比如，你在某個領域很專精，你怎麼挖掘知識？任何知識領域都有其核心觀點和知識點，以及固定流程。在此基礎上，你再提煉核心價值，激發有意思的衝突。

好的問題背後其實都蘊含著人的心理需求，流量就潛藏在這些需求之中。**要想提出好的問題，就從知識和故事這兩方面展開。**

怎麼做？給大家一個小建議，養成平時記下好靈感和素材的習慣。因為有些故事可能昨天發生，今天就忘了。在生活中隨時記錄和累積，發現一個好的素材，就把它記下來，這是好的問題的靈感來源。要善於記錄自己的成就事件，平時多自我梳理。

你今天的創作能吸引流量的內容，其實都源於日常生活中積極的記錄。你的靈敏度和覺察度越高，未來就能提出更多好問題。

無論是短影音採訪，還是日常交流，都和提問有關。想提出一個好問題，需要提前做好幾項準備工作。

①做背景調查

提問之前，需要先做詳細的背景調查，了解受訪者的背景故事，對他有更充分的了解。

②閒聊，打開話匣子

交流的過程中，氣氛很重要，只有氣氛對了，才可能迸發出激情。所以在閒聊的過程中，要找到受訪者聊天時最舒服的狀態，讓對方放鬆、讓交流的氣氛放鬆。

比如採訪ＩＰ持有者，你一開始就切入主題，他的輸出可能就會受限。你應該先透過閒聊開啟對方的話匣子。放鬆的溝通是雙向的，只有達到放鬆狀態，才能進入後續溝通的心流狀態；只有進入心流狀態，你提出的問題，才能得到好的回答。

③找到話引子

舉個例子，你採訪一位賣花的IP持有者，雖然對方的影片帳號是賣花的，但你調查背景後，發現對方平時喜歡研究房市，如果話題只圍繞賣花和拍攝花，對方並不一定能對答如流，這時我們可以先透過閒聊打開對方的話匣子。

在他了解的領域，他就會特別有表達欲，當他開始侃侃而談應該怎麼買房子時，話題就打開了，他整個人的狀態也放開了，順著話題再往其他地方延伸，就會觸發心流。

找到對方的話引子，從對方的興趣打開話匣子，我們就可以延展話題。很多人提問喜歡單刀直入，直接問自己想問的，沒有任何轉折，那麼受訪者可能只會給出最基礎、最正式的回答。

你想知道的任何答案，都可以透過提問讓對方說出來。比如綜藝節目常設的遊戲「你說我猜」，就是以不斷提問題的方式，誘導對方說出答案。透過層層遞進的若干問題，就能引導到某個具體的問題上。

這就是樹枝法提問，是不斷的提問，而不是單刀直入，要**透過問題把對方拉到你想問的場景當中**，問題是有遞進性的。

當有人想問你某件事時，有時不要直接給答案。例如，有學生會問我：「休斯，我這個影片應該怎麼拍？應該找什麼樣的賽道？」假設這時我指定某個賽道，如果影片紅了，他不會感謝我，會覺得是他自己努力的結果；如果沒紅，他會覺得是我的問題，是我給錯答案。

所以，我會透過提問的方式，讓他自己說出答案：「你想進什麼賽道？你覺得你擅長什麼？」、「在這個領域裡，你覺得你能做什麼？」、「你喜歡做什麼？那這幾個你會選哪個？」

他最終說出了一個答案，然後我說：「好，就這個，你去做吧。」其實那是他自己說出來的答案，他內心真正想做的方向。

如果他沒做起來，他會覺得是他自己的問題；如果他做起來了，他會感激我，因為是我引導他選擇。有時你直接給出答案，哪怕是發自內心的建議，對方可能也不會真正堅定的執行；但如果是透過提問讓他自己說出來，他反而更願意為此付諸行動。

那我們又該怎麼透過傾聽發現用戶真實的需求（見左頁圖表5-2）？

●用樹枝法提問

在對方說出答案時，一定會提到用戶經常關注的關鍵字。你以關鍵字為基準並進一步追問，會更有利於深入交流。

透過這種方式，你可以持續不斷的提問，因為當你有一個答案時，你就會有更多問題。繼續提問，不斷深挖，到無話可說為止。

●一邊做筆記，一邊傾聽

想挖掘使用者的真實需求，記筆記很重要。在傾聽的過程中做筆記，主要是記錄使用者的關注點和關鍵字，從而發現用戶的真實需求。這樣一來，在進入心流狀態時，你就不覺得是在記筆記，而是傾聽受訪者答案裡的關鍵字。有了這些關鍵資訊，你就可以繼續追問，繼續傾聽他的思路。

圖表 5-2　如何挖掘用戶真實的需求？

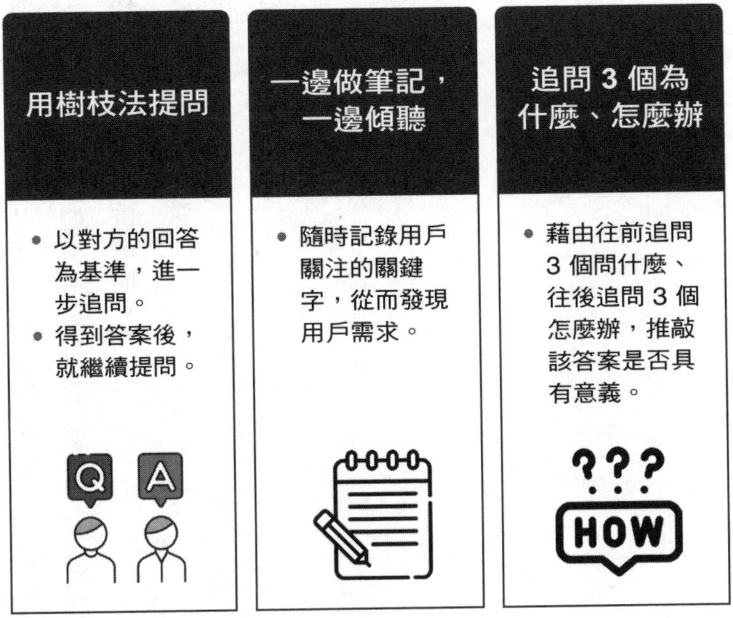
用樹枝法提問
• 以對方的回答為基準，進一步追問。
• 得到答案後，就繼續提問。
Q
A
一邊做筆記，一邊傾聽
• 隨時記錄用戶關注的關鍵字，從而發現用戶需求。
追問 3 個為什麼、怎麼辦
• 藉由往前追問 3 個問什麼、往後追問 3 個怎麼辦，推敲該答案是否具有意義。
???
HOW

- **往前追問三個為什麼，往後追問三個怎麼辦**

　　最根本的答案，往往都可以透過追問獲得。如何識別別人的答案是否有參考意義？

　　養成一個提問的習慣：往前追問三個為什麼，往後追問三個怎麼辦。

　　你得到的應該是全面理解和消化後，能讓你產生深度思考的答案。因為有時候別人直接給你的答案不一定是適合你的答案。

、往前追問三個為什麼，你就能知道別人為什麼會給你這個答案；往後追問三個怎麼辦，則能推敲出這個答案是否具有意義。因為有時候，這個答案看似很好，但帶來的副作用比問題本身更可怕。

3 選題、標題、問題，怎麼分？

在我們的工作中，經常會面臨一個問題——很多人分不清楚問題、選題和標題。有時候，問題並不代表一個選題。有好的選題，你要把它變成問題，而標題則多半是在提完問題後提煉而成的。

那麼，對選題、標題、問題，應該要有哪些正確認知？

一、選題：一個大方向

選題相當於一個作文的主旨，例如整支影片或一篇文章想表達的核心觀點。選題可以簡要的概括出一件事。

二、標題：吸引眼球的句子

標題是吸引眼球用的，可以是一句很精彩的話，然後被你拿來當作標題。**標題可能不是你的核心觀點，但看上去要有吸引力**。

三、問題：核心內容

問題是最底層的東西，是挖內容用的。問題一定與用戶痛點相關，是用戶感興趣，或者回答的人想回答的。

從選題的角度來看，**很多個問題構成一個選題，一個選題可能包含很多個問題，也可能只有一個問題**。所以選題是一個更大的切入點、是一個大方向。

那麼，我們應該如何發現好的選題？

選題，一定是第一步就要確定的，因為它代表著方向。一般來說，我會基於以下兩種方案選題。

①找到對標帳號

做市場調查，先找到對標帳號。在整個賽道或行業中，確定某個ＩＰ的用戶到底對哪些問題感興趣。那些引爆流量的爆款選題，通常就是選題方向。

②根據自己的網感力判斷

什麼是用戶愛聽、感興趣的，你自己首先要大致判斷，從需求端出發，感受市場用戶喜歡什麼（按：即網感力，指能從網路大致判斷一件事的後續發展）。

從調查研究中得到選題，問題則是在選題基礎上再細分。可是在實際操作當中，好不容易找到一個大家關注、有意思的選題，很多人就把選題直接做成問題，也做成了標題，這是不對的。

就標題和問題的關係，我也來詳細的分析。

問題最大的作用是下「鉤子」，要勾起受訪者的表達欲，刺激他多說話。要知道，問題最終不是給用戶看的，所以一般情況下，問題本身沒有那麼經典和吸睛，通常是不能當作標題的。極少數情況下，你問的這個問題本身特別好，也可以把它當作標題。

標題是什麼？標題是你問完問題，受訪者回答完之後，你整個文章或整個影片最吸睛，或是總結的精簡的幾個字。標題要包含一些用戶經常關注的搜尋流量詞。

標題最大的作用其實是留住人，讓人想看下去，它甚至可以在內容的基礎上適度的誇大。

例如新聞大事件的標題：「震驚！不看不是××人」。**標題能誇大，但問題不行，問題要鉤住受訪者。**

那麼，綜合而言，選題、標題、問題之間有哪些關聯（見左頁圖表5-3）？

● 對象不一樣

選題是創作者自己知道就可以，即你想研究什麼問題，就找人採訪，使用者不需要看到選題；問題是要讓採訪對象知道並能回答的；標題則是看內容的觀眾要知道的，你最後呈現給用戶的就是標題。很多人會搞混這三者，你要先搞清楚交流的物件是誰，是對自己，還是受訪者，抑或是用戶。

圖表 5-3　選題、標題、問題的對象不一樣

選題
創作者自己知道就可以，使用者不需要看到選題。
問題
下鉤子，讓採訪對象知道並回答的問題，通常不能當標題。
標題
最後呈現給用戶、最吸睛的文字。

● 具體性不一樣

選題是方向，問題是方向的一個子集且更加具體，方向上可能對應著若干具體的小問題。標題則是以用戶興趣為概念，提煉整個內容的精華，高度概括或誇飾概括整個內容。

問題，不等於標題

在層層遞進的過程中，標題至關重要。很多人不重視標題，因為他們習慣把問題轉換成標題，實際上**標題需要適度的誇飾來吸睛，需要你重組語言、語句，而不是直接寫上你的問題或選題。**

很多人寫不好標題，比如拆解一個帳號，你想說：「這個帳號兩個月能變現三十萬元，到底是怎麼回事？」這就是一個問題。但寫標題可能就會直接陳述：「這個帳號怎麼樣」。

如果我來寫標題，我會抽取精華再適度的誇飾，例如「一邊帶孩子，一邊拍影片，一個月賺三十萬元」。其實短影音裡的內容更豐富，但我把這句話概括、誇飾，理念也非常簡潔。短影音標題看上去簡單，實際上要花費很多時間，大家很多時候不重視這個步驟，很容易直接把問題變成標題。

還有，**如果標題是一個陳述句，那就不是標題**。

尤其當今資訊密度非常大，標題下不好，觀眾就不會留給你任何時間。標題必須瞬間吸引觀眾的注意力，他們才會繼續往下看。

總之，選題、標題、問題三者既有不同，也相互依存。有了選題才有問題，或者說有一個大方向，才有具體的問題；有問題之後，經過提煉內容，才能擬出標題。

圖表 5-4　選題、標題、問題的區隔

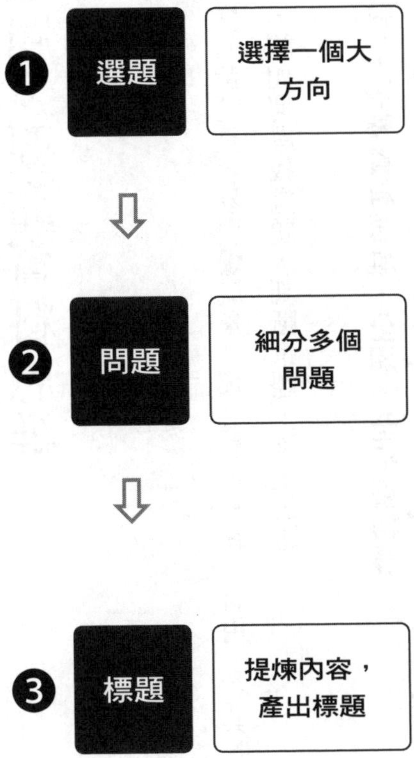
1 選題
選擇一個大方向
- 大都與用戶痛點相關，或是用戶感興趣、想回答的主題。
- 先找對標帳號，確定某個 IP 的用戶對哪些問題感興趣。
2 問題
細分多個問題
- 影片或文章的核心觀點。
- 最大作用：下「鉤子」，勾起受訪者的表達欲。
3 標題
提煉內容，產出標題
- 一句吸眼球的話，但不一定是核心觀點。
- 要包含用戶經常關注的搜尋流量詞。
- 不能是陳述句，用字可適度誇飾。
  例如：「一邊帶孩子，一邊拍影片，一個月賺 30 萬元」。

4 選題，要靠資料思維

什麼樣的選題更容易引爆流量？那必然是有趣、有用、有共鳴的選題。那麼，該如何尋找選題，判斷選題，確定選題？

一、看資料，培養資料思維，全網、全平臺搜尋

很多人沒有資料思維，不願意搜尋資料，更不會比較資料，只會憑感覺判斷。看資料，需要所有網路、全平臺搜尋，看現在用戶到底對什麼感興趣、關心什麼。比如你可以看微博熱搜榜，尋找吸引眼球的選題。因為你的內容是給使用者看的，**用戶關心的事物一定能成為你的選題**。

而且，要全平臺搜尋最大樣本。樣本越大，你掌握選題，就越準確。

二、開選題會，判斷選題

搜尋完選題，接下來要從不同維度判斷選題的品質。一個人難免主觀，這時候就需要開選題會。開選題會就是碰撞靈感的過程，大家把靈感和想法彙集在一起，碰撞出一個新的選題。尚未擁有團隊的人可能開不了選題會，但也可以找其他人來腦力激盪。

一個好的選題，並不容易找到，一般要具備以下三個屬性。

①稀缺屬性

從稀缺性的角度出發，在碰撞的過程中，找到大家都覺得稀缺，而不是你一個人覺得稀缺的選題。同時，你也要考慮這件事能否被大眾接受。比如某個美妝帳號的選題是「素人街頭大改造」，這個選題之前在市面上沒有，大家都覺得稀缺。

換句話說，**選題並不是獵奇，而是同賽道中之前沒有的方向**。有了創意，再考慮選題是不是對大家有幫助、是否有趣，讓觀眾覺得「我沒看過」、「我愛看」，那麼選題就成功了一半。

②價值屬性

判斷選題是否有價值，需要找到目標使用者的痛點，並**判斷選題能否為目標使用者提供幫助和價值**。

比如，我的目標使用者就是想做內容的人，他們最在乎的其實只有兩種——賺錢和漲粉。所以，我幾乎所有的影片內容，都是以這兩個選題來拍攝。

③娛樂屬性

抖音是一個娛樂場，觀眾就是喜歡看有意思的東西，娛樂屬性就是趣味性。

所以，在判斷選題時，需要考慮的要素是稀缺、價值、娛樂，一個選題具備這些要素後，基本就可以推出了。至於新奇特的內容，是在提問題的過程中被發掘和創作出來的，是下一步的事。

短影音直播行業內，數據平平、不溫不火，甚至人氣慘淡的人非常多。例如經營某個「二手奢侈品」（下面簡稱二奢）帳號的達人，起號三個月一直不慍不火，他自己也很消沉，幾乎都想放棄了。這時，我們在公司一起開選題會，準備最後再努力一個月。

調查研究市面上所有的二奢影片和作品後，我們發現這個賽道缺乏創意，大家拍攝的形式幾乎都是第一視角的口播形式。

於是我們跳出同行圈子，觀察其他領域帳號，發現前面提到的「素人街頭改造」的美妝帳號——我們是不是也能把這種形式應用在二奢帳號？

如果我們拿著二奢包到街頭，根據穿搭街頭改造陌生人，觀眾不知道接下來會發生什麼、不知道搭配後的效果，一切都是未知的，那這個選擇就具備娛樂屬性。

同時，這種選題也是有價值、有方法的。我們在幫別人做穿搭改造時，也會介紹包包本身的皮質、具體搭配技巧，以及二奢的市場價格，這就讓選題具備了實用屬性。

而這個選題在整個二奢賽道中都沒有先例，就具備了稀缺性。讓大眾用戶覺得新鮮，這個帳號也就會獲取流量，所以這就是個稀缺、有價值、有趣的選題。

這個選題通過後，達人拍攝的第一期內容就引爆流量，也因此成就了一個二奢達人，他現在一個月能變現三百萬元。

圖表 5-5　如何決定選題？

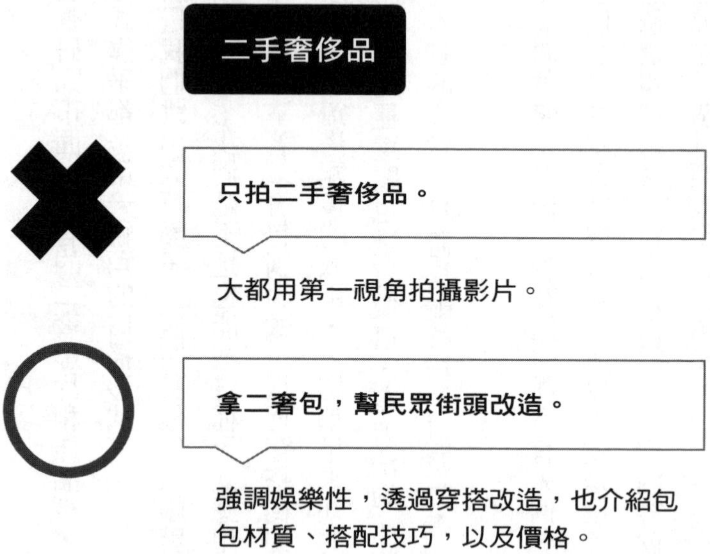
二手奢侈品
只拍二手奢侈品。
大都用第一視角拍攝影片。
拿二奢包，幫民眾街頭改造。
強調娛樂性，透過穿搭改造，也介紹包包材質、搭配技巧，以及價格。

不誇張的說，**選題決定生死，決定文章的閱讀量和頻道的點擊率。**

5 標題怎麼下，點閱率才高？

在靠內容吸引使用者的現在，標題不好就別談內容。所以，標題一定要直擊用戶的心理需求。那怎麼設計一個好的標題？以下分享我設計標題的七個心得技巧。

一、多用具體的數位，標題資料化

例如，我們經常看到的一類標題「跟我學，讓你成長」，給人的感覺不痛不癢。但如果資料具體化，說「六天背完六百個單詞」、「三招教你背完，永遠不忘」等，就會讓人覺得真實。

人對數字的天生敏感度遠遠大於某個具體事實。人們總願意相信數字更加真實、具體，具體的列舉更可信。

二、所有標題加個「新」字

在標題加一個「新」字。比如「衛衣的新穿法」就比「衛衣的六種穿法」更吸睛。用戶心裡會覺得，一個新的知識出現了，如果不聽我就錯過了，不能別人都學到，只有我沒學到。**人的內心害怕不知道新東西，害怕錯過新事物、害怕落後。**

三、極端對比

嘗試在標題中合理使用極端對比。舉個例子，「三十三個粉絲的帳號，直播間線上人數兩萬」，粉絲數極少，直播間人數卻極多，這是一個極端對比。極端對比就是打破常規認知，往往是既在情理之中又在意料之外，就是一般認為不應該發生的現象發生了，一個人在正常情況下不可能做到的事情卻做到了。

如果在你做的內容素材，能呈現反差的對比，你就一定要放大這種對比。

四、金錢和財富

無論是窮人還是富人，只要看到跟金錢相關的內容，會下意識的關注。比如「找我裝修，直接幫你省二十萬元」。省錢和賺錢，這類和金錢相關的標題都能紅。很多人都想探究有錢人的生活，比如億萬富翁怎麼教育孩子、家裡有沒有書房，或者他們都用什麼樣的手機。大眾對極致的財富有著好奇心。

五、名人小事

標題可以與名人小事相關，比如做家居帳號，影片下了一個標題「某知名男星的家竟然沒有門」，其實是透過「沒有門」講居家設計。這就可以成為一個爆款標題。

人們愛看的標題之一，通常跟名人有關，因為名人有基礎流量。但**你要關注的是名人的小事，而不是名人的大事**，例如「某天王巨星戴什麼戒指」、「某歌王演唱會居然走音」。名人大事是大眾一直都在關注的，但大家對名人小事更感興趣。

六、要製造神祕感，但……

諸如「首次揭祕，勿傳！」、「內部數據大揭祕！」都是能吸引眼球且大家愛看的標題。這就好像作者試圖告訴你一個小祕密，別人都不知道，就讓你知道。這類標題其實就是掌握人們怕錯過的心理，大家都怕錯過首次揭祕。但這類標題不能常用，一旦次數多了，你的內容也就沒那麼神祕。

製造神祕感需要觀察具體的領域和場合，要用對、用好，也要慎用。不誇張的說，幾乎所有的ＩＰ都用過以下的標題：

- 「注意！三天後有大事發生！」
- 「神祕嘉賓明日空降，一起猜猜到底是誰？」
- 「接下來是付費內容首次公開。」

具有揭祕感的標題能帶動觀眾互動、留言。揭祕感標題也適用於直播，可以用來引導用戶參加活動，讓用戶關注到一件即將發生的事情，也可以當作輸出方法前的鋪陳。

七、反問

反問，製造的是一種與使用者切身相關的場景：

- 「為什麼你家孩子總抖腿？」
- 「為什麼你四十歲依然單身？」
- 「為什麼同樣的短影音，你總是拍不了熱門影片？」
- 「為什麼你的內容精彩，播放量卻破不了五千？」

這類問題總能在不知不覺中直擊用戶內心。這背後的原理依舊與目標使用者的痛點相關，人的心理都是如此，**用戶看到與自己相關的反問時，會愣住三秒左右。這三秒過後，潛意識會暗示他看完你的內容。**

Chapter

6

做內容，
就是表態度、說觀點

1 流量引擎：滿足大眾的小情、小緒

人人都希望被認同，都渴望獲得心理共鳴。自媒體時代，蓬勃發展的網路進一步拉近了媒體與觀眾的關係。無論是文章還是影片，其內容都需要得到社會認同，而社會認同主要表現在以下三個方面。

一、沒有共情，就沒有共鳴

做內容首先要吸引使用者，核心目標是讓使用者認可你。**你不需要改變使用者，人們討厭被改變，你只需要吸引跟你價值觀一致的人。**

從心理學的角度來看，社會認同的原理其實源自於我們的行為往往受到同溫層的影響。這種認同是同級、同頻率的，你讓我產生共鳴，我就認同你的觀點。

用戶認可你的前提是，他要感受到被認可，也願意靠近你。你的內容要讓用戶產生共情和共鳴，這是我們今天對內容的基本要求，沒有共情就沒有共鳴。

二、引領認知，刷新用戶

我們常說的ＩＰ創辦人，就是在認知上引領用戶的人。在認知上，你要顛覆、刷新用戶，不斷拓寬用戶的眼界和格局，讓用戶真正認同你，而你也在引領他。你能真正為他打開新世界，讓他感受到認知上有所提升。

引領者往往也是權威者，用戶在認同他們的同時，也會予以尊敬和崇拜。引領者往往擁有別人想追求的東西，這些可能是認知、財富或者學歷。引領者能在精神上提升用戶的認知，甚至引導用戶。

三、勾起大家的畫面感和想像

如果你能夠製造想像、營造畫面感，就能讓很多人認可你。

例如，馬斯克就是會為大眾製造想像的人。他這些年的行動彷彿在說：「地球早晚有一天會毀滅，我們要探索火星，拯救人類，所以我要經營特斯拉，我要造火箭。

大家要不要跟著我一起行動？」

世界上有一些人沒有夢想，他們覺得很空虛，所以會跟著有夢想的人走，那麼有夢想的人就可以為他們勾勒未來。馬斯克就是放眼未來的世界，為大家提供了想像、創造了夢想。

除了在宏觀層面上製造想像，在微觀層面營造畫面感，也能贏得社會認同。例如現任東方甄試銷售主播董宇輝，他被網友們稱作「帶貨文化人天花板」，很多人都喜歡他的直播，因為他是一個溫暖的人。董宇輝直播時賣稻米，主要講的是一餐一粟的人間故事，也是多數人的小時記憶，而他就營造出了那個畫面。

生活中有很多珍貴、美好的瞬間，是每個人心中最柔軟的一部分，這種珍貴的瞬間可能稍縱即逝。但是董宇輝就很會營造畫面，他說：「出去吃一頓飯多麼孤單，如果回到家能吃到媽媽煮的飯該有多好。想一想那種感覺，你應該慢一點。」頓時讓大家身臨其境。

能獲得社會認同的，往往就是這三種人，一種是理解你、與你共情的人；一種是在認知上引領你的人；還有一種是為大眾營造畫面感和想像的人，他們往往能喚起人們美好的記憶、勾勒未來的藍圖。

渴望被社會認同，對人的成長和發展也至關重要。

如前文所述，社會上有一些人沒有夢想。沒有夢想的人會跟著有夢想的人走，有小夢想的人會跟著有大夢想的人走。我們加入一家企業，相信企業的文化，為企業努力工作，如果企業在我們的努力之下上市，我們也會覺得自己實現了人生價值。這就是沒有夢想的人要跟著有夢想的人走。

另外，製造想像格外重要，想像能營造意義和價值，我們要做的就是把想像放到極小的細微之處，或者放大成遠大的藍圖夢想，兩者中間都不可取。

社會的發展，要有大的情懷和追求，比如探索更美、更浩瀚的宇宙；也要有小的情緒和價值，比如用戶情感上非常細小的需求。

「大的情懷、小的情緒」，都是經濟增長的引擎。我們可以看到，如今**飛速增長的第三產業**（按：指服務業）**幾乎都是在解決小情、小緒**。失眠、失戀、焦慮，這些本質上都是現代經濟增長的引擎，帶動了一系列現代產業的發展，包括心理諮商。

以前的人感到躁鬱、憂鬱、失眠，大家會覺得這個人毛病真多、真做作。今天你睡不著，沒人會說你毛病多，商家會全力滿足你的需要，例如買個按摩枕頭，提供各種睡眠方法。

那麼，怎樣才能做出被社會認同的內容，更容易引起用戶的心理共鳴？

大部分人做內容時會陷入以下錯誤認知：藉由高頻率的溝通，會讓人習慣相對固定的話語與認知，人也會不知不覺之間，默認大家的認知和自己是同步的。

很多影片帳號的內容沒有流量，就是因為關鍵字太局限、過於自我，僅是關鍵字就篩掉了絕大部分人，大家不知道他們在說什麼，無法與他們共情。

你想讓更多人產生共鳴，就需要站在大眾的角度思考。

實際上，我們都習慣以既有的方式跟所有人打交道。但生活中，其實絕大多數人都不在同一個圈子。想要在短影音平臺占有一席之地，你就需要多跟圈子外的人打交道，學會換位思考。

2 下鉤子，製造衝突

人都有好奇心，這是人的本能，今天人類之所以穩占生物鏈的頂端，本質上就是因為對未知事物保有好奇心。人類因為有好奇心，才得以不斷探索這個世界，好奇心是推動這個世界進步的原動力，這個世界因為好奇心才變得越來越美好。

我們對新鮮的事物充滿好奇和期待。與未知的相關性越大，好奇心就越強，所以好奇心驅動社會進步，好奇心也是做內容的撒手鐧。

不分平臺，很多創作者在影片開頭，就激起了用戶極大的好奇心。

舉例來說，某個博主，他經常在影片開頭說：「今天我們去新發地菜市場，看看這些大老闆都開什麼車？」、「今天我們為這兩輛車搭配兩套QQ秀[1]，到底效果

1 中國騰訊推出的網路個人形象裝扮系統。

如何？歡迎點評。」他的內容首先就拋出一個引發人們好奇心的話題。

再比如，拍美食探店的影片，開頭不說推薦，而說：「今天我承包某店，看看這家店一小時到底賺多少？」這也是利用了大眾的好奇心。類似的例子比比皆是。

某影片入口網站上，曾經有一個熱門影片，叫「隨機挑戰」，一個月熱度不減。挑戰機制是以抽籤或扔骰子隨機選擇。

例如，跟朋友出去吃飯，骰子扔到二的人就走路，扔到三的就叫車，扔到四的騎腳踏車；大家在店家點什麼菜、各自吃什麼，也都是隨機。這個挑戰紅了一個月。好奇牽動著每個人的心裡，觀眾不知道接下來會發生什麼，就會想看下去。這樣，流量自然而然就來了。

想要激發用戶的好奇心，不斷吸引更多流量，提問也是一個好方法。

站在用戶的角度，開頭提出一個好問題，勾起用戶的好奇心。你要知道用戶在意什麼、好奇什麼，再滿足他們的好奇心。

那怎麼滿足用戶的好奇心？我的方法如下。

想要滿足使用者好奇心，**開頭就要提出一個好問題，但不能直接給答案**，因為滿足好奇心是一個過程，你要一步步的回答。很多演說家都會告訴你，演講的第一步就是下鉤子。實際上，就好的內容來講，鉤子就是我們用的「抓手[2]」，能抓住用戶的注意力。

製造衝突，讓使用者有「收穫感」

下鉤子後，就要讓鉤子繼續帶更多鉤子，不斷製造衝突曲折感，拆解內容並講細節，讓內容層層遞進。假如我們做長影片，怎麼讓用戶持續聽下去？直接給答案肯定是不行的，你需要持續不斷、層層遞進的下鉤子。

對於劇情類帳號和知識類博主來說，也是如此，想要滿足觀眾的好奇心，你給的資訊密度就要夠大。當你透過前面的內容，提高觀眾的期待值，就越要一步步的補上完整的內容。你在後面給的資訊不僅要夠多，而且要有核心觀點，這個觀點還要讓觀

2 原義是指人手可抓握的地方。

眾有獲得感。

但要注意的是，**有獲得感和真正的獲得不一樣，獲得感是「我好像從中學到了東西」**。

要學會製造槽點

槽點[3]要與大眾有關、主題相關，但不一定要高度相關。製造一些大眾感興趣的槽點吸引用戶，透過槽點引發互動、拓寬內容，讓內容更豐富。不斷的放槽點、放衝突，一直為用戶帶來新鮮感的刺激。

比如，武俠小說的邏輯也一樣，寫英雄的故事需要不斷製造障礙，讓他不停的成長。如果英雄一開始就武功天下第一，大家就沒有興趣往下看。在他持續成長的路上，不斷有新的人事物出現，那些人事物，也都有可能成為吸引用戶的槽點。

3 逆向思維做內容

生活中處處有反差，反差發生在不同場合、領域、時間，往往因為出人意料而引發討論。有反差的內容，能打破事情的慣性與邏輯、打破大眾的慣性思維和認知。那麼，我們該如何製造反差？

打破固定形象

每個人都有固定的形象。在你出現的那一刻，別人就會對你產生第一印象。人人都有固定形象，而反差就是打破固定形象。

3 網路流行用語，指語言文字中容易讓人討論、評價的地方。

例如，一個身高一百九十公分、八塊腹肌、長相英俊、連頭髮都整齊的男生，大眾會認為這人可能是明星或者模特兒，但他在經紀公司的門口當保全。這是形象與職業的極大反差。

一個妝容精緻、貌若天仙的美女，開口唱歌後，留言都在說「仙女可惜了」或「妳還是不要說話好了」，因為大家想不到美女的歌聲竟與形象如此不符。這是一種人設反差。再比如，某個直播間賣衣服，一些老年人穿著條紋襯衫，排隊展示自己的舞姿，這也是固定形象的反差。

我們經常能看到這種形象反差，這些例子往往會引發大眾的熱烈討論。形象或人設越出人意料，就越能引人注意。

我們在做ＩＰ帳號時，也要運用逆向思維做內容。比如，有一個抖音帳號賣潮牌男裝，按照正向思維，應該找年輕模特兒來拍，號主卻找了一個網紅老型男來帶貨。這是真實的例子，這就是用逆向思維做帳號內容。

所有潮牌都找年輕的模特兒，既然沒有任何差異化，那就用逆向思維製造反差感：你們找年輕男士，我就找帥氣老型男穿潮牌衣服，他穿著時髦，大眾肯定會下單。結果，不僅服裝銷量好，帳號也漲了不少粉絲。

近來網路上比較熱門的實測[4]類帳號，也是運用逆向思維。例如，各類女裝實測的短影音，很多都是請女生實測：「穿一個月不起毛球」、「反覆揉搓不掉色」等，讓女生實測女裝是正向思維。但如果運用逆向思維，讓男生以特別粗獷的行為實測女裝，他可能會很誇張的拿刷碗的鋼絲球刷衣服，測衣服是否會起毛球；或使勁的搓洗裙子，測裙子會不會掉色。

顛覆已有的行業認知

在行業原有基礎上疊加創新，透過跨界顛覆形成反差，是更高階的反差。例如，在直播領域，以農產品為核心的電商品牌東方甄選就火爆一時。曾任新東方英語老師的董宇輝，與其他帶貨博主就有極大的反差（見下頁圖表6-1）。

4 指經測試後評定。

圖表 6-1　如何做出有反差的內容？

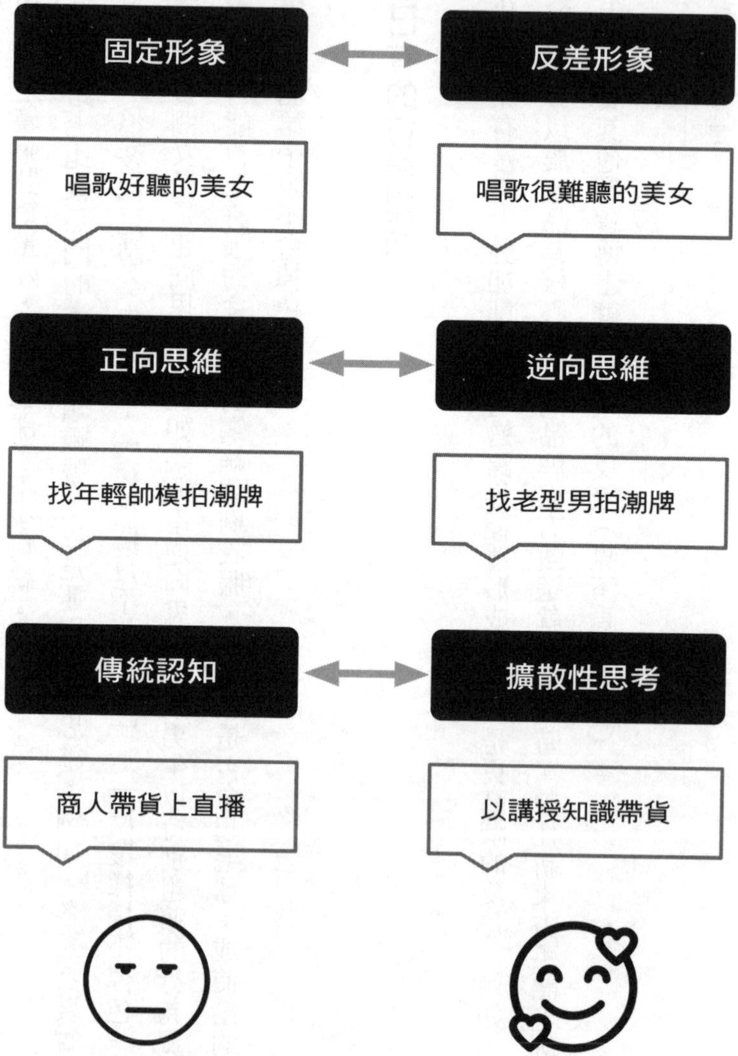

正常情況下，觀眾不會想到一個知識類博主會帶貨，而且董宇輝顛覆了行業和賽道的原有玩法，顛覆了大眾對直播帶貨的認知。

很多人對帶貨主播的既定印象，就是喊口號：「三、二、一！上連結！」雖然大家都這麼賣貨，但董宇輝就不這麼做，他以講授知識、講故事的方式賣貨。我認為，他的跨界顛覆形成了反差。

我們當下做內容，要懂得如何層層遞進做反差。首先，從你的固定形象開始，考慮能不能做和固定形象相反的事；然後運用逆向思維，跳出人設本身考慮內容、做帳號；再利用擴散性思考（Divergent Thinking，指沿不同途徑去思考），跨界思考行業規則的合理性，要學會將你所擁有的知識投入別的行業，做跨界創新。

4 製造比較，引爆聲勢

有比較心態是人之常情，很多創作者會透過內容挑動用戶的比較心態，製造論點，讓兩種價值觀碰撞，從而吸引流量、打造熱點話題。

那麼，我們該如何用比較心態做內容？

直接比較，實測論最多

直接比較兩個群體，包含人與人、物與物，都是很顯性的直接比較。這種直接比較能獲取一定的流量。因為你比較兩個群體時，雙方都想看你會做出什麼樣的結論。這是群體對比的心理。

物與物的對比，常見的有實測類影片。例如，實測所有品牌的含糖或無糖可樂、實測八款防曬霜的防紫外線功效。比較產品，也是人們樂於關注的比較。

有態度，就有比較

有態度就必然有比較，更高階的是比較內容，利用人的偏見做價值觀的取捨比較，讓用戶自發討論。

舉個例子，有本書叫《精準回饋》[5]（*Feedback〔and Other Dirty Words〕: Why We Fear It, How to Fix It*），其中提到在維基百科，大概列出了兩百種偏見。也就是說，人只要有觀點，就必然有偏見；有偏見，就會有觀點。同樣的，只要有態度，就必然有比較：有鮮明的觀點，就會有人支持你，也會有人不認同你。**懂得運用比較做內容的創作者，往往能給出一個鮮明的價值觀，引導大家討論。**

為什麼總有人說越優秀的人，越做不好抖音？因為很多優秀的人不喜歡展示態

5 作者為譚拉・錢德勒（M. Tamra Chandler）、蘿拉・道林・葛利希（Laura Dowling Grealish）。

度、不輕易評價，總覺得自己不應該有態度。

實際上，世界上沒有絕對正確的事情，態度本身就是一種更高階的比較。你做內容有自己的判斷，其實就是有態度；對於大家關注的事物，你拿出態度，你的價值觀就是鮮明的。只要有態度、邏輯一致、價值觀鮮明，你就能夠篩選出價值觀相同的人。

暗含槽點，製造比較

用槽點製造比較，好比草船借箭（按：運用智謀，憑藉他人的人力或財力來達到自己的目的）。有些短影音表面上不表明態度、不評判某個事物，實則可能暗含表明態度的某句話或某個話題，很多無意的內容其實是有意的設計。具體做法通常是拋出某個觀點，透過比較引發更多關於該觀點的討論。而之中往往就暗含讓大家比較的槽點。

在內容裡面製造比較，往往內容本來是A，結果大家卻開始討論B。

圖表 6-2　做內容要有比較心態

B
A
特別的杯子
一般的杯子
杯子從哪裡買的？
只關注咖啡功效
用內容製造比較，主題本來是 A，
讓大家關注 B。

比如，你要介紹咖啡的功效，實測過程中，你用了一個很好看或特別奇怪的杯子，這個杯子就與實測的內容形成對比，會有很多人問你杯子是在哪裡買的（見圖表6-2）。

其實，這個杯子就是用「新奇特」製造出槽點，讓大家展開討論。

有時一個主播做直播，他的粉絲和觀眾，也認可他講的東西，但大家依舊會分心，**關注他戴著什麼樣的帽子、穿著什麼樣的鞋子**。

本質上，這都是因為他故意製造槽點，讓大家產生了比較心態。

5 巴納姆效應：讓用戶對號入座

心理學家培特朗．佛瑞（Bertram R. Forer）曾提出一種心理學現象，他認為人們常常相信籠統的人格描述，即使這種描述很一般、也很模糊，人們仍然認為它反映了自己的人格面貌。這種心理叫做「巴納姆效應」（Barnum effect），是以美國雜技師巴納姆的名字命名的。

人都是多面性的，但每個人的身上也都有相似的特質。你想吸引流量，涵蓋更多人群，就可以運用巴納姆效應。讓你的內容跟大眾有關，聚焦共同話題，在話題的設計中，抓住大眾「對號入座」的心理，讓他們在價值理念上認同你。

那麼，能涵蓋更多人群的話題，大都具備哪些特點？

符合底層需求

解決具體的問題需要運用具體的方法，但涉及觀念的問題往往是抽象的，比如價值觀。越抽象的東西，往往越能獲得大家的認同。比如馬斯克要探索火星、拯救人類，很多人都覺得「探索火星，拯救人類」這件事情與「我」有關。

至於馬斯克發明哪種技術、技術具體的應用方法、技術背後的原理，大部分用戶就不感興趣了。所以，我們應該利用與「我」有關，與大眾相關這一點來吸引流量。

換句話說，我們製造的話題要符合底層的需求。

安全與健康問題是大眾最關注的問題之一。所以，基本上，關於安全與健康的選題都自帶流量。比如，「你喜歡吃荔枝嗎？小心荔枝病」，這種話題覆蓋的人群範圍就非常廣。安全與健康，愛與浪漫等，也都是涵蓋很多人群的話題。

現在的商品和服務只要跟這些底層的關鍵字結合，往往就可以獲得關注。

比如，**介紹家居用品，不說家具，而是先說安全風險**：「家裡老人為什麼容易摔倒？因為你們家地板有問題！」這就是跟安全與健康相關的內容。

用熱點詞當話題

如今做短影音，有人總說：「選題要廣泛，定位要垂直，內容是漏斗。」意思是，我們講主題時，要吸引潛在用戶，必須從潛在使用者的需求，讓內容更有意義。

比如，賣感覺統合（以下簡稱統感）訓練課程的ＩＰ帳號，在影片開頭就直接介紹感統訓練的方法，這個話題的受眾可能就很有限，許多觀眾直接就走了。因為這些觀眾會覺得：感統訓練跟「我」沒關係。

這時候，我們就需要結合具體的產品和服務，提供具體的課程，讓課程跟很多人經常遇到的場景有所關聯。

比方說，在賣統感課時，先把話題引導到孩子注意力不集中的問題上，在影片開頭說：「你們家的孩子好動嗎？」感統是一個很具體的領域，但孩子好動和專注力不足是與大眾相關的問題，你要做的就是：找到與大眾高度相關的熱點詞，將它們變成相關的問題，對用戶輸出知識，從而獲取流量。

具體而言，要找到這類話題，有以下三種方法。

一、經常遇到的關鍵字

想要找到涵蓋人群多的話題，就要先找到多數人最有感的關鍵字，例如前面提到關於安全與健康的關鍵詞。接下來，就要找到大眾經常遇到的問題，並確保這些問題覆蓋的人群夠廣。

二、關鍵字要「翻譯」給大眾

關鍵字要夠直接，要與大眾生活有關。

比如，「如何寫好腳本結構？」的影片，就不能引起廣泛關注。「腳本結構」四個字就限制了受眾群體，導致這個影片無法獲得更大流量。

這時，我們就要問得更接地氣，不說腳本結構，而是問：「你知不知道你的影片為什麼沒人看？」這就變成一個與大眾相關的關鍵問題，把原來的問題「翻譯」給大眾（見下頁圖表6-3）。

圖表 6-3　大眾高度相關的熱點詞示範

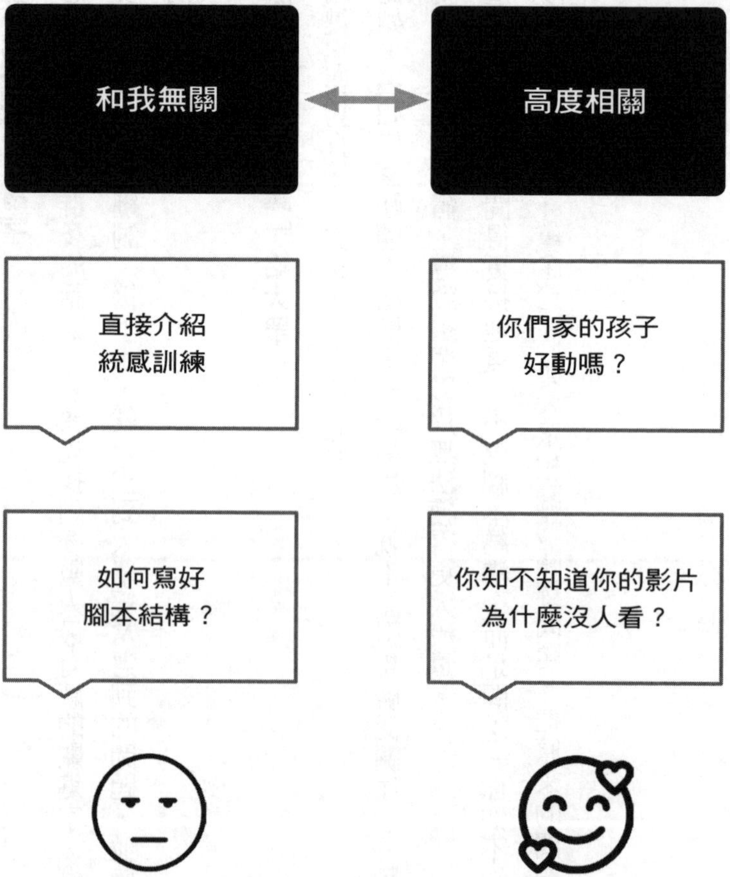

三、從用戶角度出發，符合潛在需求

話題不能脫離使用者的潛在需求。當關鍵字脫離使用者需求，就只能吸引到泛用戶。還有就是，當你的話題跟核心使用者的產品或服務需求無關時，你的內容多半也缺乏邏輯。

所以，我們可以用關鍵知識點來反推問題，從用戶角度出發、換位思考。亦即，不要脫離用戶的潛在需求，以及你所能提供的產品或服務的範疇。

你要知道，目標使用者有哪些最底層的需求。比如，我分析過我的目標使用者，發現他們最在意的只有兩件事，一是到底能漲多少粉絲、二是到底能賺多少錢。所以我想出的話題要讓目標使用者覺得和他們相關，拆解任何影片時，我的開頭都是：「這個帳號用多少時間賺了多少錢」、「這個帳號怎麼做、漲多少粉絲」，這是我精準吸引用戶的方法。

你要了解使用者最底層的需求，掌握底層需求，才能夠找到覆蓋人群廣的話題。

6 內容就像地基，差異化是高樓

短影音同質性很高的現象似乎越來越普遍，之所以出現如此多類似的內容，是因為很多人做帳號缺乏創意。他們認為照搬資料好的內容，就能獲取更多流量。但是，這往往會帶來很多弊端。

一、影響平臺生態

從平臺的角度來看，營運方都希望創作者的內容豐富且多元化，不希望使用者總看到差不多的內容，所以同質化內容容易被平臺限流（按：限制網路流量）。

大都數創作平臺都有原創保護機制，比如抖音平臺，如果某個擁有百萬粉絲的IP帳號首創某個內容，之後有人跟風，後者就會被平臺限流。因為對於平臺營運方來說，同質性太高可能會影響到用戶的體驗，營運方要保護平臺的生態。

二、帶來審美疲勞

從用戶角度來看，會讓使用者出現審美疲勞的內容，往往會壓垮整個行業或賽道。

例如，現在抖音平臺上美食探店的影片，形式和內容幾乎都差不多，導致整個賽道的流量消退。使用者經常看到同樣的內容，或聽到幾乎一樣的說辭，難免出現審美疲勞，或是對這類影片逐漸失去興趣。

三、阻礙創作新手的成長

從個人的角度來看，如果你是剛起步的內容創作者，可以在別人的優質內容的基礎上創新，但不要一開始就照搬熱門內容。

在照搬的過程中，你沒有思考與設計、沒有創意，在技術層面沒有進步，不僅很難有流量，你也不會獲得成長。

流量大的帳號借鑑流量小的帳號的內容可以有流量，因為流量小的帳號沒有多少人能看到。但**如果你是一個剛起步的內容創作者，就不能過度借鑑行業的頭部或腰部**

帳號[6]，更不用說照搬內容。

這類帳號已經有幾十萬甚至幾百萬的基礎粉絲，或者有好幾年做內容的經驗，他們勢能強、粉絲基數大，又有平臺的原創保護。你做跟他們一樣的內容，使用者根本看不到你，而且拼湊、搬運的內容本身也難有核心，缺少傳播效應。

7 替換案例，講好你的故事

那麼，我們該從哪些方面做出差異化？

一、呈現形式差異化

在短影音行業，不同的呈現形式就是指不同的拍攝方式，我們要觀察同行是怎麼呈現故事的。比如同樣是賣零食的帳號，有的號主拿著零食，一邊吃，一邊為大家介紹，以口播的形式拍攝；有的扮孫悟空和豬八戒，一邊打鬥，一邊介紹零食，以劇情演繹的方式呈現；還有的介紹一堆零食，實測哪種零食好吃。

總而言之，同樣的賽道，我們可以透過不同的形式呈現差異化。

6 指擁有一定的粉絲量，但缺少優質的創作。

二、人設差異化

比如情侶帳號，大家大都拍情侶相處的日常生活。要想有所區別，就要從人設上做出差異化。

如果大家的人設都是「男朋友很貼心、很會照顧人」，那你就可以做差異化的人設，比如將跟女朋友相處的方式塑造成哥兒們。

你在打造IP時，也可以思考**你的性格特點、說話方式和行為模式，以及你和搭檔人物之間的相處模式，能否和其他同類型的帳號有所區隔**。如果可以的話，那你就能在人設上做出差異化。

三、內容差異化

前面說過，同質化內容會給各方帶來消極的影響，所以在內容上做出差異化，才是吸引流量的有力抓手。以下分享三種方法。

- **替換成自己的故事**

一個好的內容一定要有故事。能不能做出差異化，關鍵在於你能否把這個故事替換成你的故事，且是有相關性的。

例如，因成績不好被父母批評，就可以替換成因工作不用心被老闆批評。**案例和故事是可以替換和遷移的**。任何故事背後都反映著某個道理，你可以提煉出這個道理，再用另一個故事敘述一次。視角不同，對故事也能有不一樣的解讀。

● 選題相同，觀點不同

借鑑選題，其實就是展現出觀點的差異。同樣的選題，觀點不一樣，做出的內容也會有差異，比如「為什麼認知水平越高的人，短影音越拍不好？」、「為什麼富人的錢更好賺？」。

任何大眾化的選題，都會有不同的理解和觀點，你有自己的思考和理解，你的內容自然不一樣。這就好比你看過別人的內容，將它消化吸收後，用自己的話講一遍，內容可能就完全不一樣，這也是內容上的差異化。

● 腳本結構不同

幾乎所有影片都有腳本，行業內的文案結構如果一般是「**強調吸引＋論點＋論證＋引子**」，那我們就可以改成「強調觀點＋故事＋懸念＋引子」。腳本不同，也是一種內容上的差異化。別人不講故事，只講論點和論證，我們改成透過故事闡述論點，整個內容也會不一樣。

比方說，一般的美食探店都是「走進店內＋菜單介紹＋引導關注」，即影片開頭是進店、中間介紹菜單、結尾引導關注。你想做差異化，就可以修改這個結構。

例如，將影片的開頭換成「挑戰」：「挑戰承包餐廳三小時，看我能賺多少錢。」中間還可以穿插劇情演繹，扮演餐廳老闆，結尾可以再加上一個挑戰失敗的反轉劇情。這時的結構就變成「強調吸引、挑戰＋劇情演繹＋反轉」。

在這個人人都是創造者的時代，**內容就像地基，差異化是高樓**。你的內容是你的地基，做內容先要打穩地基，但內容差異化才是你的高樓，差異化決定了你的樓到底能建多高。

圖表 6-4　腳本結構的差異化

內容差異化

✕　影片開頭是走進店內，中間介紹菜單，結尾引導關注。

○　「挑戰承包餐廳 3 小時，看我能賺多少錢。」
中間穿插劇情演繹，結尾可以再加上挑戰失敗的反轉劇情。

8 怎樣寫出吸引眼球的金句？

人們在交往認知中，經常容易形成以點概面或以偏概全的主觀印象，心理學上稱之為「月暈效應」，這種效應本質上與「聚焦錯覺[7]」（focusing Illusion）相似。

在現實生活中，月暈效應幾乎無處不在。我們看到別人身上某點很好的特質時，就容易放大它，很自然的覺得對方一切都好。我們在創作時需要用到的金句，其實也是出自這項原理。

在做內容或直播的過程中，我們會總結一些金句，不斷的融入不同的故事和案例之中，從而加深觀眾的記憶。觀眾如果被這句話打中，他就會認可你，或者有獲得感。

那麼，在運用金句時，應該注意什麼？怎樣才能用好金句？

用得多，不如用得巧

金句不能照抄和濫用，一定要符合你整篇文章或整個影片的核心觀點，或者是透過一句話、一個詞，說出你的核心觀點。這才叫有用的金句。金句用得多不如用得巧。用巧金句，可有效昇華內容。

重複金句，提高用戶黏性

金句可以重複，不需要總想著創新。比如，我在我的影片裡總說：「相信爆款是重複的。」口號重複喊幾個月，那句話也會不斷的加深用戶的印象，相當於把你的價值觀或觀點不斷的向用戶輸出。如果用戶認同你的價值觀，就會對你更加認可，用戶黏性也就隨之增強。

7 由心理學家大衛・施卡德（Schkade）、卡尼曼（Kahneman）於一九九八年提出的概念。

金句用在結尾，加深月暈效應

金句一般用在結尾，可帶來畫龍點睛的效果。

很多熱門的劇情帳號會在影片結尾拋出和整篇劇情相符的金句，這就是前面說的月暈效應：我本來看前面的劇情看得迷迷糊糊，但是被這一句話說中，我就會覺得整個主題都很棒，整個劇情都變得精彩。

那麼，金句從哪裡來？

- **引用**：你可以在日常生活中多記錄，用備忘錄記錄讀到、聽到或者自己想到的金句。
- **金句從提煉中來**：關於金句的提煉和總結，我分享以下幾點心得。

第一，金句要簡潔、好記。可以將你喜歡的一段話提煉成一句話或短語，這樣利於傳播。

第二，金句最好能接地氣、通俗易懂，傳播金句的前提是要說給別人聽，讓更多人聽得懂，這樣傳播效率才會高。

第三，金句最好是有力的，例如，「用人要篩選，不要培養」，這也是非常有力的金句。金句要有肯定感，能給別人帶來力量。金句還要高度概括，一句頂一百句才叫金句。

● **從改編中來**：很多句子其實是一樣的。我們之前都在說「爆款的基礎是爆款」，我只不過是把它改編成「相信爆款是重複的」，就成了我的金句。很多句子本質上都在講述同一個道理。拆解出內容的關鍵字和核心觀點，用大眾能夠聽懂的話改編專業性強的部分，就能創造金句。

金句有多重要，大多數人都心知肚明，但問題在於，他們對金句不夠敏感，也缺乏金句意識。他們會長篇大論，而不是將一長串話凝鍊成一句有力且利於傳播的話。

當你有金句概念時，你自然會以簡練的方式表達，並發現這些話在不同場合說都是通用的。反覆使用後，這些話就能被應用到更多場合。你甚至可以準備一百條金句，將這些句子用到談判、開會、直播、短影音等任何場景。

無論是做影片，還是寫文章，抑或是你與別人交談，如果你想讓別人認可你，你可能就需要用金句。

比如，直播時你說很多話，觀眾都沒有反應，這時候你拋出一句金句，觀眾往往就會積極與你互動，這就有利於傳播內容。同時，你自己要有金句意識，才能夠開啟別人的金句意識。想要培養使用者的金句意識，你需要不斷重複金句，引導別人對你產生記憶和認可。

Chapter

7

借勢行銷，
成功無上限

1 借勢行銷，人人都該學

借勢，其實就是借助外力，完成你想完成的事情、達成你想達成的目標。從流量來看，借勢行銷就是一種非常聰明的做法。

關於內容創作時的借勢，我認為有以下三種不同的方向。

一、向上借勢

在流量世界裡，我們所說的向上借勢，不是指日常生活中的聚餐社交，而是流量的互通。

創作者打造ＩＰ是非常漫長的過程，做內容、做流量難免會遇到瓶頸，這時你一定要懂得借勢。如果只是憑死方法悶頭做內容和輸出價值，雖然可以獲取流量，但不會持續長久。你需要向上借勢，讓流量互通，突破瓶頸、突破自己。

向上借勢的方法有很多種，例如抖音的合拍功能，本質上就是讓大家互相結識並連結流量。創作者透過合拍，兩個人可以共創一條影片，影片發布後，能同時出現在各自的帳號頁面上。假如兩個人各有一百萬粉絲，就相當於有兩百萬人能直接看到這個影片。這時，他們的粉絲就互通了。這就是借勢，即流量互通。

我見證過很多網紅的成長，幾乎沒有任何人可以單憑自己讓人氣經久不衰。當你起號、做流量遇到瓶頸時，最好的辦法就是借勢，你可以跟其他網紅博主合拍，不停的和外界聯動。這就是向上借勢，借助別人的勢能，助長你自己的勢能。

二、平級借勢

借勢的故事也很重要。有連結就有故事，有故事就有八卦。比如用戶會好奇「他們真的在一起了嗎？」、「他們到底是什麼關係？」，當你引起用戶的激烈討論，甚至有更多人開始在網上討論你的故事時，你就有流量了。

只要你有故事在外面流傳，用戶就更容易記住你，更利於你的流量長盛。這就是平級借勢，向你與身邊人的故事借勢。

三、向下借勢

在短影音領域，現在大都是向同類型的網紅借勢，或者是向上借勢，較少人向下借勢。有很多博主向上借勢已經「借」到明星層面，但對於很多人來講，很難連結到這種資源，而且向上借勢可能會得到負評，例如：「誰紅你就跟誰，就只會蹭流量。」所以，有的時候，向下借勢其實效果更好。

有一段時間，我漲粉非常快。那段時間有很多粉絲比我還少的博主在討論「做內容一定要關注的帳號」，忽然有很多帳號都推薦我，讓我轉眼間漲了近十萬粉絲。在這之前，我也沒有關注過向下借勢。一直到被小博主關注後，我才意識到，**比起一個大博主，十個小博主的影響力有時會更大**。

過去我們品牌打廣告，都是找大明星或大型網紅（按：粉絲超過一百萬人），而現在很多品牌都開始找微型網紅（按：粉絲人數約一萬人至十萬人），對於品牌方來說，這就是向下借勢。這也是一個趨勢。

一個有百萬粉絲的大型網紅，一個人能帶來的曝光量是有限的，而且費用也比較高。但假如品牌方找平臺上有幾萬、十幾萬粉絲的微型網紅，不僅能減少推廣成本，

圖表 7-1　腳本結構的差異化

向上借勢
合拍影片發布後，流量互通。
平級借勢
引發討論的故事，例如：他們到底是什麼關係？
向下借勢
找小直播主、微型網紅合作，製造討論熱度。

有時宣傳效果還會更好，引發群體討論。

大家經常會看到，某個產品突然引發熱烈討論，這就是用商業思維向下借勢的結果。所以，打廣告不要只局限於找大咖，要懂得向下借勢。

借勢有時「借」的是你累積的專業和行業經驗，有時「借」的是學歷，這些都屬於你累積的資源（見圖表7-1）。

在打造IP帳號時，你一定要知道你在做什麼、想要的是什麼。如果你想要的是流量，就不要羞於借勢。很多人不願意連結網路上的人脈、不願意和其他博主互動，但這些都是你獲取流量的方式。

借助他人的勢能，有了流量，你才能輸出更多內容價值。

2 利用權威效應，讓別人信服你

現實生活中，人們要處理的資訊和獲取的資源太多，想獲取信任，本質上就是「權威效應[1]」（Appeal to Authority），讓大家減少決策成本。

不難發現，做內容的人的說辭往往片面和絕對。一些內容類博主在直播時，會說彰顯權威性的話語，比如「所有的觀點以我為準」、「聽我的就對了」，看上去非常有信心。當你樹立起權威，讓觀眾信服你時，觀眾會覺得你這個人可以依靠、可以相信，跟著你行動就對了。

人總想相信點什麼、依靠點什麼，總想找到信仰，否則內心會感到不安全。也可以說，人總是在尋找讓自己信服的事物，或是一本書，或是一個IP，或是身邊的一

1 指一個人地位高、有威信、受人敬重，其言行就容易受到別人重視、信任；又稱訴諸權威。

個人。

所以，製造信服感，可以從權威效應著手。在製造信服感的過程中，有些關鍵點還是需要注意的。如下：

①要堅定，更要自信

想要製造信服感、樹立權威，你自己必須是一個很有方向感的人，有清晰的自我認知，知道自己在做什麼。一個沒有自信、矛盾、不堅定的人，基本上是不可能讓別人信服的。

②助推別人，而不是改變別人

其實每個人心裡都有自己的答案，**很多人向權威人士諮詢，本質上只是想再次確定自己的答案**。比如，我們經常看到直播連麥（按：主播和觀眾或其他主播進行語音互動）的過程中，有人向主播提問，主播回答後，他又會糾結，那是因為他自己心裡已有答案，他只是想獲得肯定，讓主播告訴他：「你行的、你可以，去做吧！」

讓人信服的本質，不是強行扭轉他人的觀點，很多時候只是引導他人確信某一個觀點。

要知道，我們無法輕易改變別人。你的內容吸引來的都是跟你有共鳴的人，他們心裡已經相信你的觀點。這時，你要做的就是拿出你堅定的態度，推波助瀾。

在做ＩＰ助推（按：幫助推動）的過程中，你能發揮的關鍵作用，就是給用戶一點希望和動力。用戶只是害怕做決定，你的肯定能為他們增添很多信心、很大的希望。其實這也是出於信服感。從表面上來看，是他們聽從你的觀點，但實際上是你的觀點順應了他們的心，然後再推了他們一把——他們聽從的是自己。

③在擅長的領域，用結果證明實力

想讓人信服，要學會把別人帶到你的思維裡、帶到你擅長的領域中。比如，有人擅長商業領域，他就會說：「這個案子或這個行業，誰要是跟我合作，一個月能賺一千萬元。」他用案例證明自己的實力，也會讓人有信服感。

「你想跟我學如何漲粉？我做過漲粉三百多萬的帳號，你現在有多少粉絲？三萬？直接報名吧，什麼都不用問了。」這就是拿結果說話，也會讓人有信服感。很多時候人需要這樣，信服感能為用戶帶來心理上的滿足感與安全感。

3 故事比判斷，更容易打動人

人們是靠理性認知世界、靠感性連結世界，所以會講故事很重要。

有句話曾說：「感性是理性的家園，理性是感性的延伸。」你做內容講邏輯和理性時，用戶雖然很想看內容、吸收影片中的知識點，但實際上卻很難集中注意力，甚至會下意識的做出判斷和反駁。但你講故事的時候，就好比講一部電影，不知不覺就讓使用者關注起你的內容。

可見，故事對行銷至關重要。故事的重要性，主要展現在以下兩個方面。

故事是獲取流量的利器

做過短影音內容的人幾乎都知道，會講故事的創作者最厲害。故事是獲取流量的利器，可以有效提升影片的完播率。

舉個例子，有人跟你講了一個很誘人的故事，他說：

「我跟你講，去年我的月薪還是一．五萬元，最近我發現了一個專案特別好！我參與了兩個月，現在一個月賺一百萬元。你知道這怎麼做嗎？其實非常容易！但我馬上要出差，詳細等我三天後回來再跟你說。」

這就是一個好的故事，你如果不聽完這個故事，就會感到很難受。短影音的完播設計也是如此。你開頭用故事吸引用戶，讓他們想看完整個故事，不看完會感到難受，那這部影片就能得到較高的完播率。

有人說：「邏輯是強拉使用者跟著你走，但是故事是讓用戶不知不覺的跟著你走。」比如，你跟別人講邏輯、講道理，別人會做出判斷和反駁，因為道理碰道理，這是理性和理性的對抗。他會從理性層面判斷你的道理，對你這個人是沒有任何情感連接的，只是在聽你講道理。

但故事不一樣，好的故事確實能不知不覺的引導別人，會讓人想持續聽你的故事。舉個例子：

張三向李四借一百萬元，三年沒還，這三年李四也從來沒有催過他。突然有一天，張三寄來一封信，上面寫著：「我現在還清債了，生意也變好了，感謝你這三年對我的信任，從不催款，現在我要還你三百萬元。」讀完這封信後，李四覺得張三人真好，然後把借據撕了，連三百萬元都不要了。

這就是一個非常有意思的故事，但它到底講什麼？

在商業領域，就是講一個非常值得信任的人，你可以跟著他做招商加盟。用戶會不知不覺的被帶入這個故事，會覺得李四這個人不錯，值得信任，對朋友這麼好、這麼仗義，以後加盟得跟著這樣的人。

世上有成千上萬的人在做招商加盟，用戶為什麼要選擇你？就是因為你講出來的故事讓用戶不知不覺的跟著你走，一個好故事有時比你列舉一百個專案產生的收益還大。

故事，就是你的個人資產

我們今天所講的ＩＰ經濟、知識付費，其實一半是知識、一半是故事。你的故事是你最重要的特性、是你身上獨一無二的品牌資產。用戶能夠記住你身上的故事，才相當於真正認識你。

打造ＩＰ要懂得立人設。你的人設要與他人有所區別，就是靠你的故事。你幫助別人的故事、成功的故事、創業的故事，甚至是你覺得跟用戶無關的故事，都可以成為你最終的品牌形象。

舉個例子，你正在做某個知識付費的內容，其中講到你和父親的故事。這聽上去似乎和用戶無關，但這個故事卻可以增加用戶黏著度和收益。

ＩＰ不能沒有故事，沒有故事的ＩＰ就沒有溫度。故事讓用戶記住你，產生對你的認知。

那麼，一個好故事，由哪些要素構成？

● 情感打動人

故事蘊含的情感得能打動人，情感有時比結構更重要。有的故事結構本身並不完整，但是氛圍到位，直接打動了觀眾，讓觀眾看影片會落淚，這就是好的故事。

● 有衝突和矛盾

好的故事必然有衝突和矛盾。我們要找的是自己過去經歷的衝突和矛盾，或者是在別人身上看到的衝突和矛盾。衝突和矛盾是故事的核心。我們常看的小說故事，往往就有矛盾的緣起，以衝突為高潮，最後由真摯動人的情感描述收尾。

4 故事變現，就靠這點

大部分人做流量，最終目標都是變現。所以要知道，講故事是為了什麼。會做內容的人，講故事時都懂得如何埋鉤子。

故事之所以需要鉤子，是因為硬性廣告[2]容易使大眾產生反感，要避免直接討論產品。換句話說，如果要在故事下鉤子，不能讓目的暴露得太明顯，必須在故事置入產品或專案。

最好的故事，是本身流量大、還有鉤子的故事。就好比我講一個故事，你根本沒有看出來我是想賣產品，但實際上你會付費。這就是一個非常好的故事。

還有，只要網路上出現一個好故事，故事講述者自己或贊助平臺，都會為這條影片投放廣告、引流。不斷的投放好故事，用戶就會不斷的付費。就像我們前面所說的，好故事會讓觀眾不知不覺的跟著你行動。

不過，好故事的標準，不是大家通常認為的**好故事，而是能產生價值、能變現的故事**。

舉個例子，一位很會講故事的女性博主，她的粉絲基本都是女性，她的影片也都是與女性相關的內容。

首先，她講她的成長故事，她小時候親眼見到媽媽遭受家暴，被迫輾轉在不同的成長環境中，遭遇過拋棄，也遇過暴力的經歷。她的成長過程中，不斷出現各種衝突。她痛苦的故事拉近觀眾與她的距離，悲慘的遭遇在情感上打動了觀眾。

其次，她不是一味「賣慘」，又將觀眾的同情慢慢拉到共鳴，以及女性共同追尋的人生意義或願景上。

她的媽媽遭受家暴後，常常跟她說：「妳一定要努力，我們才會有希望；一定要努力，我們才會有明天。」她就在那一刻明白了女性一定要獨立。

女性要獨立，這一句話就打動很多女性，而且關注她的很多都是女老闆。這裡

2 指直接介紹商品、服務內容的傳統形式的廣告。

圖表 7-2　變現故事的範本

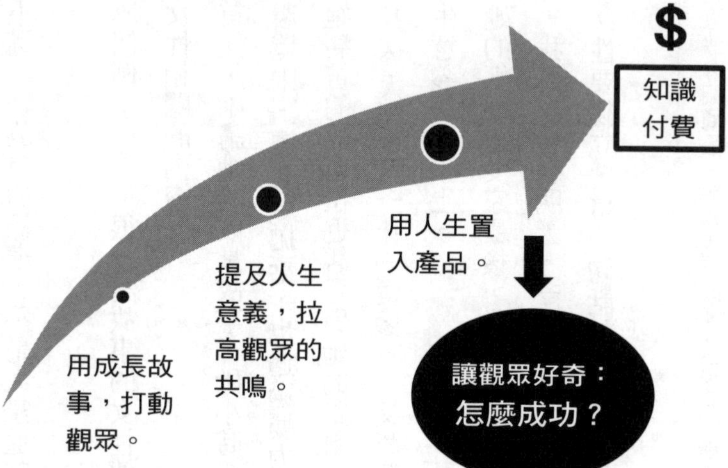
$
知識
付費
用人生置
入產品。
提及人生
意義，拉
高觀眾的
共鳴。
用成長故
事，打動
觀眾。
讓觀眾好奇：
怎麼成功？

的人設，就吸引到了有共鳴的人。然後，她就講她開始創業的故事，比如如何創業、展開多家分店。到這裡，她還是在建立人設。

讓觀眾產生共鳴之後，就要用人生經歷置入產品。

「我有十年開店經驗，並且開了五家店，利潤一開始不好，後來逐漸盈利，現在單月單店業績幾百萬元。」這時候，觀眾就會想知道她到底是怎麼做到的，想要跟她學習。

故事講完了，你覺得這個故事值多少錢？

這時，就會產生知識付費。很多

觀眾看到她的成長故事，會喜歡她、認可她。看到這麼不容易卻這麼努力上進的女士，觀眾會信任她，也想像她一樣獨立。那如何獨立？很多觀眾也想像她一樣開一家店，但不會開店，或者開店業績不好，便想找她學開店。最終，很多觀眾就會購買她的創業課程（見上頁圖表7-2）。這就是一個下了鉤子的好故事。

從吸引眼球，引發共情，到向共鳴者輸出價值，講女性獨立，再透過自己的人生經歷做產品。其實故事的核心就是「醜小鴨變白天鵝」。女性要獨立，且要拿到成果，有成果之後，再軟性置入產品。

在個人獲取流量的時代，故事必然越來越重要。因為故事是用來吸引用戶的，讓用戶不知不覺的跟著你行動。所以當你講好一個故事時，你的內容才能吸引人，你的產品行銷，才能生動而自然。

5 不是所有風口都可以借用

當過去不存在的新鮮事物突然出現，例如一個討論度很高的IP或商業機會出現，並且大多數人都暫時把握不住，但很多人都覺得這件事可以做時，其實就是風口來了。正如中國企業家雷軍所說：「站在風口上，豬都能飛起來。」

需要注意的是，風口和趨勢不一樣。新行業的風口到來的時候，會帶來巨大的市場波動，很多人會激烈討論，而少數人會進入這個新行業。在這股風消退之後，該行業就開始泡沫化。等到許多專業人士、精英人士參與的時候，這個新行業，才能算是一種趨勢。

比如抖音剛出現時，很多人都開始關注，但不是所有人都能看到商業機會，這就是一個風口。很多人都看見機會，但只有少數人會先行動。如今，包括抖音在內的短影音行業已成為一股就業的趨勢，這說明短影音行業不再只是風口。

那麼，在借用風口做行銷時，應該注意些什麼？

不要製造泡沫、過度炒作、擾亂市場

風口的出現往往會帶來新的行銷機會，例如我們常聽到的關鍵詞「元宇宙[3]」（metaverse）、「人工智慧」（Artificial Intelligence，簡稱ＡＩ），很多人都會借助這些關鍵詞做行銷宣傳。

每年風口都在變，每年都會出現一個新的故事，讓大眾造夢。二〇二一年是「個人ＩＰ」，每個人都可以做個人ＩＰ，個人ＩＰ就是一個機會。很多人也藉此做了一波行銷。如今，打造個人ＩＰ已成為一種趨勢，但你會發現市面上，有很多根本沒有做過ＩＰ的人在教大家做ＩＰ，這就是在擾亂市場。

我們需要注意的是，做風口行銷要小心泡沫化，也不要成為製造泡沫群體的一部

3　使用者可以運用設備而進入的虛擬世界。

分。你不要編造故事、不要試圖創造一個沒有實際意義的新概念，製造幻想和泡沫。你以為可以「收割」用戶，實際上收割後，你很容易被反噬，這種行為無論是從道德還是法律來看，都很不好。你也不要過度炒作，不要盲目鼓動大家追風口。

不是所有風口都可以借用

在看到風口出現時，很多人不假思索的就跳進去了——千萬不要做這種事，看到風口時一定要冷靜。如果你想借助風口做行銷，也一定要從你自己的專業開始著手。從風口連結你所從事的行業，這確實可以借到流量。你可以借助風口的勢能，但行銷時要守住你的底線。

比如，大家都在說元宇宙時代來了，那內容行業以後就不做內容了嗎？當然不是，我們可以在擁抱元宇宙的同時繼續做內容。

今天我們可能只是在某些平臺上做內容、做直播，如果虛擬實境技術更加成熟，我們也可以在元宇宙做內容、做直播。執行方式可能有所不同，但客觀上，我們做內容的原則和本質還是一樣的。

從流量來看，有時做流量跟風口沒多大關係，風口只是一時的，踏踏實實做流量、做內容，滿足使用者心理需要才是最重要的，不要總想著抓風口。很多時候，堅持做自己的東西就可以了。

做流量時，如果大的風口不好跟，可以跟風小熱點。比如做短影音帳號，如果你要的就只有兩個字——流量，**想吸引泛流量，且不要求粉絲的品質與忠誠度，跟大型網紅的「風」就很有必要**。你要時刻關注最近的熱門，並結合你的內容來獲取流量。你需要做的就是不斷的跟風，跟風甚至可以是你的一個工作準則。

對於那些想要垂直變現或有格調的帳號，就不建議輕易跟風。比如你是某品牌的創辦人，就更不能輕易跟風。

舉個例子，某個知識領域的大博主，他在抖音上做的內容很有品味，他的目的是抬高自己的身價。有時，他一個訂單的廣告費就有幾百萬元。這種類型的博主，一定不能輕易跟風，否則個人標籤會亂，粉絲對於他的認知會錯亂，他的品牌格調也會被拉下來。

追大的熱點，叫做追風口；追小的熱點，叫做跟風。不要輕易跟風和追風口，必須要找到跟你的品牌相關的，跟你的垂直內容相關的風向。

6 借鑑別人，有陷阱

這裡講的借勢，就是別人用的方法，我也可以用，但並不是指直接模仿別人的結果，而是借鑑別人的經驗。無論是成功還是失敗，你都可以思考其中是否有能參考的內容。

借鑑別人已有的經驗，一定好過自己閉門造車。每個在網路上擁有較大流量的人，他的成長之路都是值得參考的經驗。

例如，某些研究車和摩托車的女性博主，其實她們想輸出專業知識，但她們一開始會打造人設，比如穿著打扮時尚、性格爽快，而她們的內容和受眾群也是垂直的。把帳號做起來再借勢，和行業內外的人聯動，然後更改腳本。待粉絲增加後，繼續借勢、繼續改模式，如此循序漸進。所以，大型網紅或者說有很大流量的人的經驗，非常值得借鑑，我們一定要懂得借別人的經驗，為自己所用。

我們不只要借鑑成功經驗，還有失敗經驗。這些經驗都會讓我們更容易成功。

模仿，不能只看結果

需要注意的是，你要客觀分析，並且深入思考，推演對方成功的過程，觀察他如何一步步取得成功。因為只看表面的話，我們無法深入探討，盲目的借鑑非常容易出錯。我們研究流量，借鑑他人經驗做行銷時，除了關注前端，也要關注後端。

比如，你要研究某美髮帳號的設計師。這個設計師約有二十萬個粉絲，他除了提供理髮，每月還開設七場的線下課程，一年能實現三千萬元的變現。

假如你在做文案培訓，直接借鑑他的內容，也開了線下課程。你的粉絲量可能比他還大，看表面你覺得做法都一樣，但最後卻有可能成效不彰。

究其原因，是你們的用戶場景不同。設計師都在理髮店裡工作，他們自己就有一個小圈子，圈子裡的消息傳遞得很快，有四〇%到五〇%的客戶會為他們傳遞、推廣資訊。而文案培訓的資訊傳播幾乎都是獨立工作者，並不具備同樣的場景。因此，如果你沒有深入分析成功背後的這些邏輯，直接借鑑經驗，很可能就會失敗。

所以，借助他人成功經驗時，一定要客觀，不要只看表面，要透過表象看到本質，找到最根本的原因。成功的經驗可以被複製，但借鑑時就要推演對方成功的過程，避免讓自己落入陷阱。

提前預判失敗經驗，避免落入陷阱

從流量行銷的角度來看，失敗比成功更難得，多學習他人失敗的經驗，能有效避免落入陷阱，或者少走彎路。

我們要了解，他人失敗的過程中，到底是哪一步走錯，然後又帶來什麼樣的結果，或者是被迫承擔什麼樣的後果。提前了解、事先預判、儘早改變，能讓我們少走彎路、節省成本。

在借鑑的過程中，我們不僅要了解別人如何成功和失敗，還要消化和吸收經驗，把借來的經驗內化成自己的東西。

對比別人的條件能力

跟別人的時間、能力、背景等一一對比。他是什麼樣的人？有什麼樣的背景？他能做到現在，運用了什麼技能？這些你能否做到？

比方說，別人是從二〇一九年開始做短影音，你是從二〇二二年開始做；別人的作品主要投放在小紅書平臺，你主要投放在抖音平臺。那麼，你複製他的道路肯定也行不通。

和當事人連接，深入了解、精準提問

借鑑他人經驗，要盡可能的聯絡當事人。聯絡到當事人後，你要找到你自己的一些核心問題。你分析、看到的很多都只是表象，認識當事人後，他也許能告訴一些你看不到的內情。

比如，某個美食博主，他提供粉絲一個福利：「只要你是我的粉絲，來到這幾家店就享有優惠。」這就是你想要模仿，也很難執行的案例。

但如果你認識博主，他可能就會告訴你一些內情，例如他之所以能給出這麼大的福利，是因為他跟這些餐飲店的老闆們另有合作。至於合作方式，如果不問博主，光憑自己分析是想不透的。

別人的意見不一定全聽，但也不能不聽

向你的朋友或專業人士闡述想法，然後一起碰撞想法，讓他們給予回饋，判斷你的想法對不對、好不好，或是從旁觀者的角度給予建議。基於這些，你就可以再豐富內容的整體架構。他們的意見不一定全聽，但也不能不聽。

當你迫切想做一件事時，你會覺得這件事不存在什麼問題，或者是未經深入思考。或者是有時候，你知道深入思考一定會發現問題，但你可能會下意識的躲避、會主觀的忽視問題，這時你就需要一些客觀的判斷。

這種情況下，跟朋友或者同行碰撞想法就很重要。他們會從客觀角度給你一些建

議、分析或提問。在過程中，你可能會發現有些問題你根本回答不上來，這些就是決定事情成敗最根本的問題。

其實，人的思維很容易被局限，需要不斷跟外界交流。人們常常急於複製別人成功的經驗，但在複製的過程中，總會出現一些問題，因為人們往往看不到成功的本質。但人們總是不見棺材不掉淚，所以凡事還是得自己經歷。別人再苦口婆心，你可能依然想嘗試。只有吃虧後，你才能成長。

當你有足夠的流量時，你能夠連結到非常多專業的人，你得到的資訊的密度就會變大，可能是普通人的十倍甚至百倍。**會有很多人告訴你應該怎麼做，但這時候，你往往更容易迷失方向**。

條條大路通羅馬，成功的路徑永遠不是單一的。但是如果你腦子裡同時想著八條通往成功的路線，你一定寸步難行。學習他人經驗固然很重要，但更重要的是你要堅定，你做任何事情的最大底牌就是你自己。**你需要做的只是發問，而不是讓別人給你建議，要由自己決定如何運用**。

還有，借鑑經驗時，自身經歷不能相差太多，你借鑑的經驗一定要符合你的經歷。

切記，在過程中，不能失去自我。沒有主心骨、沒有自我的人，只會成為隨風搖擺的牆頭草。借鑑別人，一定要有定力。雖然條條大路通羅馬，但唯有你保持堅定，才能最終抵達目的地。

7 讓對手幫你引流，最高招

假如一條街上有兩家手搖店，那它們必然是競爭對手。但對於靠流量變現的業界來說，我認為**不存在競爭對手**，**只有流量互通**。我希望大家都變成朋友，然後互相交流經驗，聯合獲得更大的流量和市場。

據統計，抖音的日活躍用戶至少有六億人（按：於二〇二三年已超過七億），即便你有一百萬粉絲，在抖音平臺的流量池中，也只不過是一粒沙塵。若是放眼全平臺，包括抖音、小紅書、微信視頻號[4]、知乎[5]等，流量池就更大。「蛋糕」越大，每個人分到的流量也會越多。有遠見的人，一定會讓所謂的對手成為自己的引流幫手。

那麼，應該怎麼操作，才能讓對手成為自己的引流幫手？

一、拒絕惡性競爭，聯合差異化

做產品時，盡量不要跟風，不要總想跟大家做一樣的內容，然後透過低價獲取流量來打敗對手。打價格戰的時代已經過去了，在網路上做的是個人IP品牌，低價競爭只有「傷敵一千，自損八百[6]」，對你毫無益處。

不要總想著你有競爭對手，你要做的是打造極具差異化的產品，讓產品獨樹一幟，不需要競爭，只需要聯合。

你可以用產品與同行合作。舉個例子，我所有的同行都在做短影音培訓，假如我只做文案培訓，那所有同行的課程都可以植入我的文案課。我把他們從對手變成朋友，甚至他們可以跟我合開課程，為我引流。

4 中國騰訊公司官微正式宣布開始內測的平臺。
5 中國知名的問答網站。
6 引申為只會損人害己、兩敗俱傷。

二、把對手變成朋友，和對手交流

我個人特別喜歡和對手交流，甚至批評我的人，我也想跟他們交流。有些話他們可能說得不對，但有些話他們說得很有理，有不對的地方，我就會改正。

如果這個世界上有一個人能站出來批評你，或者成為你的對手，就說明他對你極度關注，我覺得這是很難得的。他可能看到了一些你自己的盲點，如果你們還在同一個領域，就更難得。**創業很孤獨，有人指正你的錯誤是很好的學習機會。**

生活中，要有人做那個厚德載物的人，要求別人是什麼樣子，還不如你首先成為自己希望的樣子，先主動釋出善意。

哪怕損失一點利益，我都覺得沒有什麼關係。從對手身上獲得更多的經驗，把對手變成朋友，是最難能可貴的，而且能讓自己快速成長。

三、反用他人對你的抨擊

如果別人把你當成對手，不斷的用言語攻擊你，這時心理建設就很重要。

就我個人而言，我不太在意他人的抨擊。我不會看重別人對我的讚美，再多的人誇獎我，我也知道那不是我，只是片面的。我在短影音中總是把好的一面呈現給用戶，用戶才會覺得我好，但他們不知道我有不好的地方。所以，當網路上有人批評或攻擊我時，我也能客觀的看待他人的評價。

有句話說：「快樂是需要努力的。」大家都很難不去在意批評。但當有人抨擊你時，你要客觀的分析有哪些需要改正。如果他對你的批評不實，你就不需要回應。你只需要知道自己是誰，在做什麼就夠了。

ＩＰ要有故事才能長青，**一個ＩＰ如果只得到讚美而沒有批評，就代表這個ＩＰ的人設不夠立體**。在我看來，批評可增加我的故事的立體感。

從流量的角度來看，流量是可以互補的。對你的抨擊本身，也在為你製造流量，原則上黑粉[7]也是粉絲。敏銳的ＩＰ持有者非常清楚，所有流量都可以為自己所用。

7　網路流行用語，指故意抹黑或抨擊具有影響力的人物。

8 把偏見變成自己的賣點

正如中國主持人馬東曾說：「被誤解，是表達者的宿命。」我們都生活在偏見之中。有態度，你就有偏見，你只要支持某個事物，其實就是反對另一個事物。**你只要表達，就注定會被人誤解**。

我覺得做ＩＰ的人可分成三類，他們面對偏見會做出不同的反應。

第一類是新ＩＰ。

第一次接觸流量業界的ＩＰ持有者，對偏見往往存有錯誤認知，那就是在最開始做流量時不敢表達態度，害怕遇到批評和反駁。

他們會預想別人對他們的偏見，讓觀點一直保持中庸。特別是很多企業創辦人，根本不敢做ＩＰ，很怕說錯話得罪人。但是反過來想一想，如果不得罪一部分人，也無法贏得另一部分人的認同。他們不懂的是，**ＩＰ持有者其實就是意見領袖，一定得**

有態度，有態度就會引來質疑和偏見。不敢得罪人，也接受不了相斥言論和批評的人，可能就會中途放棄。

第二類是做了一段時間的ＩＰ，或者做過一段時間流量的人。

這類人會說一些絕對的觀點，也知道自己會遭到誤解。他們與批評者互相爭論，嘗試糾正對方的觀點，甚至會特地拍片回應批評和質疑。他們總是在證明自己的觀點是對的。

第三類是對偏見無所畏懼的人。

這類人中有一部分人是一邊貶低，一邊吹捧。他們知道，要想獲取流量，就只能贏得一部分人的喜歡。

要想讓喜歡他們的人更喜歡他們，就要抨擊那部分討厭他們的人。

他們懂得駕馭流量，駕馭人心。他們不怕遭受謾罵，只想獲得部分使用者喜歡他們，保住使用者來直播間或者體驗產品而產生的優越感。

另一部分人是真的不在乎偏見。比如說某些明星，從來沒有回覆過任何評論，所有片面的評價和抨擊，他們都不在乎。他們從來沒有把任何人加入黑名單，也沒有刪除過任何評論，也不做任何回應。

他們無視偏見，這是十分超然的心境。

這三類人處在應對偏見的三個不同階段，每一個做ＩＰ的人都可能經歷這樣的成長過程。

那麼，怎麼從偏見中發現機會和流量？

一、把偏見變成賣點

會做ＩＰ的人，不應該被用戶影響，而要影響用戶。用戶怎麼想你、怎麼評價你，盡在你的掌握之中，這才是一個會做內容的媒體人應有的態度。

善於駕馭流量的人，懂得利用自己的缺點，甚至把它們當作賣點。比如，我通常會把大家對我的偏見變成我的特點。我經常被人質疑「休斯完全不懂商業，一看就沒做過生意」。我跟他們爭論，完全沒有必要，也沒有意義。

我是學導演出身的，專注做內容做了四年，做短影音又做了三年，我真的沒做過生意，因為我一直在做內容。

我沒有想著如何掩飾或否定別人的偏見，而是把偏見和自己的不足轉化成武器，也就是我的特點。

凡事都有兩面性，有利、也有弊。當別人對你有偏見、抨擊你的弱項時，你應該把抨擊引導到事情的另一面，也就是你的強項，打造你的賣點。

你不需要做到很完美。就像我確實不懂商業，因為我把時間全部花在研究內容上，所以我是很專注的。

你在專業領域上極度的專業，你的內容、產品、人設會更加垂直，觀眾會覺得你真實。

二、勇敢表達你的觀點

你怎麼對待別人，其實別人就怎麼對待你，有態度就有偏見。做ＩＰ，不要害怕有態度的表達，你要勇敢的輸出觀點。

不要害怕表達，這個世界就是由不同的觀點拼湊在一起的，沒有絕對的對與錯。不必為了一個觀點冥思苦想，力求邏輯縝密。

你說出來的觀點不需要完美，只要你有邏輯，它就是好的觀點。勇敢的說出觀點才能獲取流量，別人對你的議論都不重要。

三、打臉自己，才能有進步

有時過了一段時間，你覺得你成長了，可能會否定你過去的觀點。正如美國企業家兼億萬富翁查理．蒙格（Charlie Munger）所說：「承認無知是智慧的開始。」如果不認為去年的自己是個傻瓜，你今年就無法成長。

過去我總是什麼都想做，現在我知道做內容更專注、更聚焦，一切都需要分工。我曾想快速進步：我想一年之內賺兩千萬元，我想半年之內組建一個非常好的團隊。但後來我發現，這會給自己帶來很大的壓力。

現在我變得更加專注，學會不設限時間。你只需要思考你要做好的那件事，為你的目標努力，你的團隊凝聚力自然也會更好。想實現目標的前提，就是大家一起往一個方向努力。很多人的偏見，往往源自於不願意自我否定。當你自己能不斷否定自己的時候，其實偏見對你來講就不重要了。

後記

未來趨勢下，流量心理學的變與不變

人的心理需求亙古不變，只要你能夠理解人類不變的情感邏輯，然後根據人的底層需求做內容，你就能獲得流量。

我們現在看到的抖音、小紅書、視頻號，這些都只是傳播的媒介。你要做的是捕捉大眾的心理需求，透過現有的媒介或呈現形式，將它們表現出來。獲取流量的核心，就是看你如何把握人們的需求。

一個人的需求層次會不斷往上提升，從最基本的物質需求到人類共同的大夢想。隨著科技的發展、社會的進步，過去不重要的東西，現在越來越重要，人越來越追求在精神層面上擁有更好的體驗和享受。

過往我們不重視的小情、小緒，在未來必然成為大的商機，流量的祕密就在其中。把握人心底的追求，就是獲取流量的本質，又或者說，流量就流淌在每個人的心裡。

國家圖書館出版品預行編目（CIP）資料

爆款內容流量學：追蹤人數從零到無限大，流量操作手把手教學，快速漲粉，路人+1 買到爆。／休斯著. -- 初版. -- 臺北市：大是文化有限公司，2024.04
288 面；14.8×21 公分. --（Biz；451）
ISBN 978-626-7377-75-8（平裝）

1. CST：傳播學　2. CST：傳播策略
3. CST：行銷管理

541.831　　112021786

Biz 451

爆款內容流量學

追蹤人數從零到無限大，流量操作手把手教學，快速漲粉，路人 +1 買到爆。

作　　者／休斯
責任編輯／黃凱琪
校對編輯／陳竑悳
美術編輯／林彥君
副總編輯／顏惠君
總 編 輯／吳依瑋
發 行 人／徐仲秋
會計助理／李秀娟
會　　計／許鳳雪
版權主任／劉宗德
版權經理／郝麗珍
行銷企劃／徐千晴
業務專員／馬絮盈、留婉茹
行銷、業務與網路書店總監／林裕安
總 經 理／陳絜吾

出 版 者／大是文化有限公司
臺北市 100 衡陽路 7 號 8 樓
編輯部電話：（02）23757911
購書相關資訊請洽：（02）23757911 分機 122
24小時讀者服務傳真：（02）23756999
讀者服務 E-mail：dscsms28@gmail.com
郵政劃撥帳號：19983366　戶名：大是文化有限公司

法律顧問／永然聯合法律事務所
香港發行／豐達出版發行有限公司 Rich Publishing & Distribution Ltd
地址：香港柴灣永泰道 70 號柴灣工業城第 2 期 1805 室
Unit 1805, Ph. 2, Chai Wan Ind City, 70 Wing Tai Rd, Chai Wan, Hong Kong
電話：21726513　傳真：21724355
E-mail：cary@subseasy.com.hk

封面設計／FE 設計
插　　圖／Flaticon.com
內頁排版／顏麟驊
印　　刷／鴻霖印刷傳媒股份有限公司

出版日期／2024 年 4 月初版
定　　價／新臺幣 420 元（缺頁或裝訂錯誤的書，請寄回更換）
I S B N／978-626-7377-75-8
電子書ISBN／9786267377925（PDF）
9786267377918（EPUB）